Ernst Modersohn

Wie ihr beten sollt!

Betrachtungen über das Gebet des Herrn

Verlag der
Liebenzeller Mission
Bad Liebenzell

ISBN 3 88002 098 1

EDITION C Nr. C 28
1. Auflage 1979
Umschlagfoto: B. Schmitt
Umschlaggestaltung: G. Saalmann
Herstellung: Schönbach-Druck, Erzhausen
Printed in Germany

Inhalt

Einleitung 7
Die Anrede 12
Die erste Bitte 20
Die zweite Bitte 30
Die dritte Bitte 40
Die vierte Bitte 50
Die fünfte Bitte 61
Die sechste Bitte 72
Die letzte Bitte 83
Schluß 86

Einleitung

In den ersten Versen des elften Kapitels des Lukasevangeliums lesen wir: „Und es begab sich, daß er war an einem Ort und betete. Und da er aufgehört hatte, sprach seiner Jünger einer zu ihm: Herr, lehre uns beten, wie auch Johannes seine Jünger lehrte. Er aber sprach zu ihnen: Wenn ihr betet, so sprecht: Unser Vater im Himmel, dein Name werde geheiligt. Dein Reich komme. Dein Wille geschehe auf Erden wie im Himmel."

Das war den Jüngern ein ganz gewohnter Anblick, daß sie ihren Meister beten sahen. Nur eins wunderte sie, daß er so lange betete. Ganze Nächte brachte er im Gebet zu. Wie oft ging er auf einen Berg oder in die Wüste, um zu beten, wenn sie sich am Abend müde zur Ruhe begaben. Wenn sie am Morgen aufstanden, kam er schon zurück, nachdem er in aller Frühe hinausgegangen war, um Gott im Gebet zu begegnen!

Was mag er nur immer so lange zu beten haben, fragten sie sich. Wir sind mit unserem Gebet immer so schnell fertig!

Eines Tages, als der Herr wieder so lange im Gebet verweilt hatte, daß sie mit Staunen zugesehen und auf das Ende gewartet hatten, faßte sich einer ein Herz und bat ihn: „Herr, lehre uns beten, wie auch Johannes seine Jünger lehrte."

Vielleicht hatte er erwartet, der Herr würde ihm nun eine Unterweisung geben über mystisches Versenken in Gott. Aber nein, der Herr antwortete auf die Bitte mit den einfachen Worten, die wir „Das Gebet des Herrn" oder „Das Vaterunser" nennen.

Was meinte der Herr damit? Wollte er sagen, daß sie gerade diese Worte beten sollten, weil sie besonders erhörlich seien? So ist es ja vielfach aufgefaßt worden. In der katholischen Kirche wird ja immer wieder das Vaterunser gebetet im Wechsel mit dem „Gegrüßet seist du, Maria!" Und weithin in der evangelischen Kirche meint man auch, dies sei der rechte Gebrauch des Gebetes des Herrn. Darum wird nicht selten den Gemeinschaftskreisen der Vorwurf gemacht, daß sie das Vaterunser unterschätzten, weil es gewöhnlich in den Versammlungen — im Gegensatz zu den Gottesdiensten der Kirche — nicht gebetet wird.

Ist diese Meinung die richtige, daß der Herr haben wollte, daß gerade diese Worte gesprochen werden sollen, dann müssen wir umlernen, dann müssen wir am Schluß jeder Versammlung das Vaterunser beten.

Ich bin davon überzeugt, daß Jesus uns nicht *Worte*, sondern einen Unterricht geben wollte, an dem wir die Gesinnung unseres Herzens prüfen können, ob wir recht zu Gott stehen, ob es in unserem inneren Leben stimmt. Es ist ein Mustergebet, an dem wir beten lernen können.

Schon wenn wir die ersten Worte anschauen, wird es uns klar, daß es nicht des Herrn Meinung sein kann, daß wir gerade nur diese Worte sprechen sollen. Wer *kann* denn „Unser Vater" sagen? Doch nur der, der ein Kind Gottes geworden ist.

Dann ein zweites. In den ersten drei Bitten gibt der Herr uns eine sehr wichtige Lehre. Jedesmal beginnen die ersten drei Bitten mit dem großen „Dein". Dein Name — Dein Reich — Dein Wille! Damit will uns der Herr die Lehre geben: Gott kommt an die erste Stelle! Ehe wir mit unseren eigenen Angelegenheiten kommen, kommt Gott. Viel wichtiger als die eigenen Hoffnungen und Wünsche, Sorgen und Befürchtungen sind einem Gläubigen die Angelegenheiten Gottes.

Wie viele beten das Vaterunser oft am Tage, aber diese Lektion haben sie noch nicht gelernt! Ihr Gebet dreht sich immer um die eigene Person. Auf alle mögliche Art wird es durchgenommen: Ich — meiner — mir — mich.

Wir sehen auch hieraus ganz deutlich, daß es nicht die Meinung Jesu gewesen sein kann, daß wir gerade diese Worte sprechen sollten; denn man kann diese Worte sprechen, ohne von dieser Lehre der ersten drei Bitten eine Ahnung zu haben. Man kann das Vaterunser gedächtnismäßig hersagen — und hat von dem, was der Herr uns damit hat sagen wollen, noch nichts begriffen.

Ein weiteres wird erkennbar, wenn wir noch bei dem äußeren Aufbau des Gebets stehen bleiben. Am Schluß der dritten Bitte steht „auf Erden wie im Himmel". Dieser Zusatz schließt nicht nur die dritte Bitte ab, er schließt die drei ersten Bitten ab, das heißt dieser Zusatz gehört auch zu den beiden ersten Bitten. Sie heißen vollständig: „Dein Name werde geheiligt auf Erden wie im Himmel. Dein Reich komme auf Erden wie im Himmel. Dein Wille geschehe auf Erden wie im Himmel."

In diesen drei Stücken aber besteht das himmlische Leben. Im Himmel wird der Name Gottes verherrlicht. Im Himmel ist Gottes Reich vorhanden. Im Himmel geschieht Gottes Wille. Und nun bittet der Beter dieses himmlische Leben auf die Erde herab. Er fleht darum, daß auf Erden der Name Gottes so verherrlicht werde, wie er im Himmel verherrlicht wird, daß auf Erden das Reich Gottes kommen möchte, wie es im Himmel schon gegenwärtig ist, und daß der Wille Gottes auf Erden ebenso geschehen möchte wie im Himmel.

Es ist das heilige Anliegen des Beters, das sich in diesen drei Bitten ausspricht: *Gib uns, was uns fehlt!* Gib uns das himmlische Leben!

Aber, nicht wahr, man kann das Vaterunser sehr oft beten — und es ist möglich, daß es dem Beter noch nie wichtig geworden ist, um dieses himmlische Leben zu bitten. Er hat dafür noch gar keinen Blick gewonnen.

Hat das Gebet sich in den ersten drei Bitten mit dem himmlischen Leben beschäftigt, dann wendet es sich nun der irdischen Not zu. Die irdische Not ist eine dreifache: es ist die Not ums Brot, die Sündennot und die Versuchungsnot. Hat der Beter zuerst das himmlische Leben auf die Erde herabgebetet, so trägt er nun die irdische Not von der Erde zum Himmel hinauf und bittet: *Nimm von uns, was uns quält!*

Wird es hier nicht wieder offenbar, daß es ein Mißverständnis der Worte Jesu ist, wenn man meint, er habe Wert darauf gelegt, daß gerade diese Worte *gesprochen* werden sollten? Man kann diese Worte *sprechen* — und doch denkt man im Herzen nicht daran, zu vergeben, so wie wir Gottes Vergebung brauchen. Nein, es ist nicht damit getan, daß wir diese Worte auswendig lernen und hersagen. Sondern es kommt darauf an, daß wir in dieser Gebetsschule lernen, wie wir nach dem Vorbild Jesu beten und leben sollen.

Und noch ein letztes. Der Herr hat uns dieses Gebet gegeben, daß wir an ihm als an einem Prüfstein unsere Wünsche prüfen können, ob wir sie als Gebete vor Gott bringen dürfen mit der Hoffnung, daß diese erhört werden.

Ein Beispiel, wie das gemeint ist. Ich setze den Fall, ich habe in meiner Familie einen lieben Menschen, der noch kein Christ ist. Darf ich mit Zuversicht um seine Bekehrung beten? Ich frage das Vaterunser. Die erste Bitte sagt: Ja! Dein Name werde geheiligt! Das ist es ja, was ich wünsche, daß dieser mir liebe Mensch auch den Namen Gottes heiligen möchte. — Die zweite Bitte sagt auch ja. Dein Reich komme! Das ist es ja, was ich wünsche, daß das Reich Gottes auch in dieses Leben kommen möchte, das bisher sich Jesus noch nicht ergeben hat. Die dritte Bitte sagt wieder ja. Dein Wille geschehe! Heißt es doch in der Bibel: Gott will, daß allen Menschen geholfen werde, daß sie zur Erkenntnis der Wahrheit kommen.

Also stimmen die drei ersten Bitten dem Wunsche meines Herzens zu. Ich darf diesen Wunsch als ein Gebet mit der Zuversicht der Erhörung vor Gott bringen.

Aber wie steht es, wenn es sich nicht um die Errettung der Seele, sondern um die Genesung des Leibes handelt? Ich frage nicht Menschen um Rat, ob ich um die Genesung meines lieben Kranken ebenso bestimmt beten darf wie um die Bekehrung eines Angehörigen. Die Meinungen der Menschen gehen da auseinander.

Ich frage wieder den Herrn, ich wende mich an das Vaterunser. Die beiden ersten Bitten geben mir keine Antwort auf meine Frage; aber die dritte Bitte nimmt Stellung dazu. Sie sagt: Dein Wille geschehe! Das heißt: Leg deinen Kranken vertrauensvoll fürs Leben und Sterben in des Herrn Hand, er macht keine Fehler! Was ihm und was dir gut ist, das weiß der Herr besser als du. Schreib ihm nichts vor, trotze ihm nichts ab. Leg dein Wünschen still dem Herrn hin!

Ich weiß von einer Frau, die am Sterbebett ihres Erstgeborenen sagte: „Wenn jetzt der Herr Jesus leibhaftig zu mir käme — und er fragte mich: Was soll ich tun? Soll ich ihn euch nehmen oder soll ich ihn euch lassen? — ich könnte doch nur sagen: Herr, wähle du für mich!" Das ist in Übereinstimmung mit der dritten Bitte gesprochen. Das heißt: Dein Wille geschehe.

Inspektor Rappard sagte einmal: „Es gibt sich manches an

Krankenbetten für himmelstürmenden Glauben aus, was bei Lichte besehen nur Selbstsucht ist!" Man will das Opfer nicht bringen, man kann sich von dem geliebten Menschen nicht trennen, darum läuft man Sturm im Gebet – anstatt ruhig und vertrauensvoll zu sagen: Dein Wille geschehe!

Noch ein Beispiel, um zu zeigen, wie das Vaterunser als ein Mustergebet und Prüfstein gebraucht werden kann. Darf ich um das Große Los beten? Darf ich um ein Auto beten? Wenn ich das Vaterunser frage, so kommt für solche Wünsche nur die vierte Bitte in Betracht: Unser täglich Brot gib uns heute! Gehört das Große Los zum täglichen Brot? Sicherlich nicht. Also darf ich nicht darum beten. Das Vaterunser macht einen Strich durch meine Wünsche.

Aber wie ist es mit dem Auto? Ich antworte: Wenn das Auto für dich zum täglichen Brot gehört, dann darfst du darum beten. Vor kurzem schrieb eine Hebamme an mich, ob sie wohl um ein Auto beten dürfe. Sie habe einen großen Landbezirk zu betreuen, daß sie mit dem Rade gar nicht herumkomme. Ich habe geantwortet, daß mir in diesem Falle das Auto zum täglichen Brot zu gehören scheine. Sie solle ihren Wunsch in aller Einfalt und Kindlichkeit dem Vater im Himmel sagen.

Aber als jemand an mich schrieb, er möchte gern ein Motorrad haben, um mit seiner Schwester an einen entfernten Ort in die Versammlung zu fahren, da habe ich ihm geraten, sich kein Motorrad zu erbitten, sondern lieber an seinem Wohnort selber einen Bibelkreis zu beginnen.

So kann man sich mit allen Fragen dieser Art an das Vaterunser um Rat wenden, und der Herr gibt uns Unterweisung durch dasselbe.

Möge es uns allen zum Segen gereichen, wenn wir in den nachfolgenden Betrachtungen uns in die Gebetsschule Jesu begeben, wenn wir ihn auch bitten, wie jener Jünger: Herr, lehre uns beten!

Vielleicht können auch solche, die schon lange in der Gemeinschaft des Herrn stehen, noch etwas lernen. Wir wollen uns nie für zu alt und für zu klug halten, daß wir nicht noch etwas hinzulernen könnten. Gott segne uns das stille Hören *in der Gebetsschule Jesu!*

Die Anrede

Wir wenden uns nun der Betrachtung der einzelnen Teile dieses wunderbaren Gebetes zu und sehen heute, was uns *die Anrede* zu sagen hat.

„Unser Vater im Himmel." Wir haben uns so an das Wort „Vater" gewöhnt, daß wir es gar nicht mehr für etwas Außerordentliches halten, zu dem großen Gott „Vater" sagen zu dürfen. Nie ist es einem Heiden in den Sinn gekommen, „Vater" zu einem seiner Götter zu sagen. Selbst die Juden haben das nicht gewagt. Sie haben Gott den Gerechten und Allmächtigen genannt, aber nicht Vater. Ein paarmal leuchtet dieser Name bei den Propheten auf. Aber es war kein Gedanke daran, daß das Volk ihn so angeredet hätte.

Es war dazu auch keine Möglichkeit vorhanden. Die Voraussetzung war noch nicht gegeben.

Jemand hat gesagt: Es gibt keinen Weg von den Menschen zu Gott. Weder der religiöse Weg mit Wallfahrten, Ablässen und Zeremonien, noch der evangelische mit der frommen Sicherheit „Ich bin getauft und konfirmiert, ich gehe zur Kirche und zum heiligen Abendmahl" führt zu Gott.

Aber es gibt einen Weg von Gott zu den Menschen! Gott hat seines eigenen Sohnes nicht verschont, sondern ihn für uns alle dahingegeben — in die Krippe von Bethlehem und an das Kreuz von Golgatha. In Christus Jesus hat er die Erlösung der Welt vollbracht. Wer diesen Heiland im Glauben ergreift, der *wird* ein Kind Gottes. Von Natur sind wir „Kinder des Zorns" und „Kinder des Unglaubens", wie Paulus an die Epheser geschrieben hat. Der Apostel Johannes schreibt sogar, daß wir von Natur „Kinder des Teufels" seien. Und er war doch „der Jünger der Liebe".

Wollen wir Gotteskinder werden, dann müssen wir Jesus als unseren Heiland aufnehmen in unser Leben. „Wieviele ihn aber aufnahmen, denen gab er Macht, Gottes Kinder zu werden, die an seinen Namen glauben" (Joh. 1, 12). Erst wenn das geschehen ist, haben wir das Recht, Gott unseren Vater zu nennen, vorher nicht. Bist du schon ein Kind Gottes geworden? Noch nicht? Dann schiebe das eine, was not tut, nicht auf! Nimm Jesus auf in dein Herz und Leben, dann wirst du ein Christ, dann wird Gott dein Vater in Christus Jesus.

Was für eine Gnade, daß wir verlorenen Sünder zu dem großen und erhabenen Gott, der Himmel und Erde gemacht hat, zu dem heiligen und gerechten Gott „Vater" sagen dürfen! Daß wir es dürfen, das hat Gott seinen Sohn, das hat den Sohn Gottes sein Blut und Leben gekostet!

Wenn der Apostel Johannes daran denkt, dann bricht er in den Ruf staunender Verwunderung aus: „Sehet, welch eine Liebe hat uns der Vater erzeiget, daß wir Gottes Kinder sollen heißen!"

Ist aber Gott unser Vater in Christus geworden, was ist dann die praktische Folge für uns? Eine ganz wunderbare. Dann brauchen wir uns keine Sorgen mehr zu machen. Wer das wirklich weiß und festhält: Gott ist mein Vater, der weiß sich versorgt und geborgen für Leib und Seele, für Gegenwart und Zukunft.

Aber gibt es nicht doch Christen, die sich mit Sorgen tragen? Sie bedenken nicht, was sie damit ihrem Vater antun, wie sie Gott dadurch verunehren!

Als meine Kinder klein waren und in die Schule gingen, da ist es keinem der Kinder jemals in den Sinn gekommen, zu fragen: „Vater, wenn wir heute mittag aus der Schule kommen und die Mutter hat nicht gekocht, wohin sollen wir dann zum Essen gehen?" Nie hat ein Kind so gefragt. Sie haben nicht gesorgt, sie haben vertraut!

Aber ich setze den Fall, es wäre einmal ein Kind zu den Nachbarn gegangen und hätte gefragt: „Frau Schöler, wenn ich heute mittag nach Hause komme und nichts zu essen kriege, darf ich dann zu Ihnen kommen?" Nicht wahr, dann wäre ich doch in Schimpf und Schande gekommen, daß ich meine Kinder nicht versorge!

Und sieh, das tun Gotteskinder ihrem Vater an, die sich mit ihren Sorgen und ihren Bitten um Hilfe in der Not an Menschen wenden.

Hast du es auch so gemacht? Dann bitte deinen Gott um Vergebung. Und dann nimm dir die Zeit und lerne das kostbare Lied von E.G. Woltersdorf auswendig. Bitte lies es langsam und nachdenkend durch, lies es immer wieder, bis du es dir eingeprägt hast. Du wirst reichen Gewinn davon haben. Es heißt:

> „Weicht, ihr finstern Sorgen!
> Denn auf heut' und morgen
> sorgt ein andrer Mann.
> Laßt mich nun mit Frieden,
> ich hab's dem beschieden,
> der es besser kann.
> Ich will ruhig bleiben,
> meine Arbeit treiben,
> wie ich immer kann.
> Christi Blut stärkt meinen Mut
> und läßt mich in Not und Plagen
> nimmermehr verzagen."

Ja, es ist nicht nur Torheit, es ist Sünde, sich Sorgen zu machen, wenn man einen Vater im Himmel hat, der unsere Bedürfnisse kennt. Es ist ihm nichts zu groß, es ist ihm auch nichts zu klein – „der Vater in der Höhe, der weiß zu allen Sachen Rat".

Vor Jahrzehnten hat Schwester Eva von Tiele-Winckler Heimaten für heimatlose Kinder gegründet, wo Schwestern Hunderte von Kinder versorgten. Diese große Familie hat Gott auch in den schwersten Jahren versorgt, so daß sie keinen Mangel gehabt hat an irgend einem Gut.

Wenn Gott das kann, kann er dann nicht auch für dich und die Deinen sorgen? Ganz gewiß, „der Wolken, Luft und Winden gibt Wege, Lauf und Bahn, der wird auch Wege finden, wo *dein* Fuß gehen kann"!

Und so wie Gott für unser Leibesleben sorgt, so sorgt er auch für unsere inneren Bedürfnisse. Da gibt es schwierige Vorgesetzte, unangenehme Kollegen, zänkische Nachbarn und wer weiß was noch alles. Wie sollen wir in all diesen Schwierigkeiten durchkommen? Wie sollen wir all diesen Anforderungen gerecht werden? Es gibt einen Weg, auf dem wir in allen Lagen und Fragen des Familienlebens und des Berufslebens durchkommen: das ist der Weg zu unserem Vater. „Wie sich ein Vater über Kinder erbarmt, so erbarmt sich der Herr über die, die ihn fürchten."

Du hast einen Mann, dem du es nicht rechtmachen kannst – geh zu deinem Vater und bitte ihn um die Liebe, die du brauchst. Du hast Kinder, die schwer zu erziehen sind, – geh zu deinem Vater! „Wenn aber jemandem unter euch Weisheit mangelt, der bitte Gott, der da gern gibt jedermann", schreibt Jakobus.

Wenn es Niederlagen gab in deinem inneren Leben, woher kam es? Nur daher, daß du nicht in allen Dingen zum Vater gingst und dir ausbatest, was du brauchtest an Kraft und Trost, an Weisheit und Gnade, an Friede und Freude.

Ist das nicht köstlich, daß wir aus der Fülle Gottes leben dürfen? Daß wir nehmen dürfen aus dieser Fülle Gnade um Gnade? Da hat aller Mangel ein Ende, da hört unsere Armut auf, wenn wir von dem Reichtum unseres Vaters Gebrauch machen, wenn wir mit dem Schlüssel des Gebets seine Schatzkammern aufschließen.

Und – er ist unser Vater nicht nur für die *Zeit*, er ist unser Vater für die *Ewigkeit*. „Sind wir aber Kinder, so sind wir auch Erben, nämlich Gottes Erben und Miterben Christi." Mit der Gotteskindschaft ist uns zugleich die Gotteserbschaft gegeben. Ach, wenn ich von der Herrlichkeit der Gotteskindschaft nur stammeln kann, dann fange ich von der Gotteserbschaft und ihrer Herrlichkeit gar nicht erst an zu reden. Wer kann sich das vorstellen, wie das sein wird, wenn wir Gottes Erben und Miterben Christi sein werden? Wie Jesus überwunden hat und mit seinem Vater auf dem Thron sitzt, also sollen auch wir mit ihm sitzen auf dem Thron in der Herrlichkeit! „Herr, mein Gott, ich kann's nicht fassen, was das wird für Wonne sein!"

Darum, ihr Kinder Gottes, verunehrt euren Vater nicht mehr durch Sorgengeist, sondern betet an und lobpreist: Gott unser Vater in Christus Jesus! –

Bei dem Wort „Vater" steht noch ein Wort, das von Bedeutung ist. Es ist das Wort „unser". Wenn das eine Wort kostbar ist, das andere ist es nicht minder. Ist das Wort „Vater" ein Bekenntnis zu Gott, der durch Christus unser Vater geworden ist, dann ist das Wort „Unser" ein Bekenntnis zu dem Volk Gottes. Der Beter sagt nicht: *Mein* Vater, sondern: *Unser* Vater. Er weiß sich zusammengehörig mit der ganzen Familie Gottes auf Erden.

Das ist sehr wichtig. Es gibt Christen, die haben das Wort „unser" noch nicht verstanden. Sie sind, wie einmal jemand sagte, „Inselwesen". Sie leben isoliert für sich, ohne Verbindung mit anderen Christen zu suchen und zu pflegen. Wer so lebt, der beachtet es nicht, daß die Gemeinschaft ebenso ein Gnadenmittel ist, wie das Wort Gottes, das Brotbrechen und das Gebet. Wir sind aufeinander angewiesen, wir brauchen einander, wir gehören zusammen.

Die Blutsverwandtschaft von Golgatha hält fester und bindet inniger zusammen als die leibliche Verwandtschaft. Die Verwandtschaft mit leiblichen Geschwistern hält nur für die Zeit, die mit Geschwistern im Herrn aber gilt für die Ewigkeit. Ein Freund und Bruder, mit dem ich nicht in allen Fragen einer Meinung war, sagte mir einmal: „Bruder Modersohn, wir sind nicht zusammengeleimt und nicht zusammengelötet, wir sind zusammengeschweißt. Was zusammengeleimt ist, das geht im Wasser auseinander, was zusammengelötet ist, geht im Feuer auseinander; aber was zusammengeschweißt ist, das geht nie wieder auseinander, das ist eine Einheit geworden."

Das ist wahr, Christen, die durch das Blut Christi erkauft und mit dem Heiligen Geist zu einem Leib getauft sind, die sind eine Einheit geworden. Eine Organisation können Menschen machen; einen Organismus kann nur Gott schaffen. Und die Gemeinde der Wiedergeborenen ist ein solcher Organismus, ist *ein Leib*. Jedes Kind Gottes ist ein Glied dieses wunderbaren Leibes. Es würde dem Leibe etwas fehlen, wenn dieses Glied fehlte. So wie ein Glied nichts ist ohne den Leib, so ist auch der Leib nichts ohne seine Glieder. Eins bedingt das andere. Ist das nicht wunderbar, zu diesem Leib Christi gehören zu dürfen?

Paulus dankt immer wieder in seinen Briefen für das, was der Herr hin und her an den einzelnen getan hat. Dabei ist er keineswegs blind für die Mängel, die ihr Glaubensleben noch hat. Aber diese Mängel hindern ihn nicht, von Herzen Gott zu danken für das gute Werk, das er in den einzelnen angefangen hat.

Wollen wir die Kinder Gottes nicht auch so ansehen lernen? Gewiß, sie sind keine vollendeten Heiligen, es hängt ihnen noch allerlei an, was die Arbeit des Heiligen Geistes beseitigen und wegnehmen muß; aber unsere Brüder und Schwestern sind es doch! Und wenn der Herr Jesus, wie der Hebräerbrief sagt, sich nicht schämt, *uns* Brüder zu heißen, dann wollen wir uns doch auch unserer Brüder nicht schämen. Wir hätten nicht die allergeringste Ursache dazu, wir, die wir selber dem Herrn soviel Mühe gemacht haben und immer noch machen!

„Unser" sagt Jesus. Damit stellt er uns mitten hinein in die Gemeinde Gottes. Damit gibt er uns Verantwortung füreinander. Wenn ich allein stehe, dann trage ich für niemand Verantwortung und niemand trägt Verantwortung für mich. Wenn ich aber ein Glied am Leibe bin, dann bin ich mitverantwortlich für die anderen Glieder. Dann kann ich nicht sagen wie einst Kain: „Soll ich meines Bruders Hüter sein?" Jawohl, das soll ich sein. Wenn ich meinen Bruder einen Fehler machen sehe, dann ist es meine Pflicht, ihn zu warnen und ihn zu ermahnen, weil er doch mein Bruder ist. Sündigt und fällt er, dann trifft das auch mich. Dann heißt es: „Das sind die Frommen!"

Brüder, wir tragen Verantwortung füreinander! Das Blut Jesu hat uns zusammengebracht! Ist es nicht groß, daß es Menschen gibt, die sich für unsere Heiligung verantwortlich wissen, die uns so liebhaben, daß sie uns auch einmal die Wahrheit sagen? Das ist gerade der Segen der Gemeinschaft, daß wir nicht allein dastehen in der Welt, sondern daß wir mit Menschen zusammenleben dürfen, denen etwas an uns und unserer inneren Entwicklung liegt.

„Unser." Dies Wort bedeutet den Tod aller Selbstsucht und aller Einspännerei. Ich kann und ich darf nicht mir selber leben. Ich bin für die anderen da.

Was für ein Segen ist das schon manchem gewesen, der selbst in der Not steckte, wenn er andere sah, die in gleicher oder vielleicht noch größerer Not sich befanden. Dann war die eigene Not viel leichter zu ertragen, wenn man auf die fremde Not blickte.

Wie oft hat sich das Sprichwort schon als wahr erwiesen: Geteiltes Leid ist halbes Leid, und geteilte Freude ist doppelte

Freude. Darum vergiß es nicht mehr, daß der Heiland uns gelehrt hat, „unser" zu sagen! Daß wir zusammengehören in Freud und Leid, für Zeit und Ewigkeit mit allen, die mit uns sagen können: „Der Grund, drauf ich mich gründe, ist Christus und sein Blut."

Das Wort „unser" hebt uns heraus aus dem engen Kreis unserer Selbstsucht und Selbstliebe und stellt uns hinein in die Bruderliebe und Selbstverleugnung. Welch ein Segen, wenn wir darauf eingehen!

Und noch ein Wort gibt uns der Herr in der Anrede dieses Gebets: „Unser Vater *im Himmel*."

Was will uns das sagen? Gewiß dieses, daß Gott als der Vater im Himmel beides miteinander verbindet: die Fülle der Liebe und die Fülle der Macht.

Er hat die Fülle der Liebe. Darin übertrifft er weit alle Väter auf Erden. So lieb irdische Väter ihre Kinder haben, so wird es ihnen doch manchmal zuviel, wenn die Kinder mit ihren Kleinigkeiten kommen. Dann sagen sie wohl ungeduldig: „Ach, laß mich jetzt in Ruhe! Ich habe dafür keine Zeit!"

Sagt unser Vater im Himmel das auch? Niemals! Wenn kein Haar von unserem Haupte fällt ohne seinen Willen, wie Jesus gesagt hat, so heißt das: Er kümmert sich auch um unsere Kleinigkeiten, auch das Geringste ist ihm nicht zu unbedeutend und zu geringfügig, was seine Kinder angeht. Wir dürfen ihm alles sagen und klagen.

Und mit dieser Fülle der Liebe verbindet sich die Fülle der Macht. Wenn er nur die Fülle der Liebe hätte, so wäre das wohl sehr tröstlich für mich; aber wirklich helfen würde mir das im praktischen Leben nichts. Dann müßte er sagen, wie irdische Väter es manchmal tun: „Mein liebes Kind, ich würde dir diesen Wunsch sehr gern erfüllen; aber es geht über mein Vermögen. Du mußt dir diesen Gedanken aus dem Sinn schlagen. Wir können es uns nicht leisten!"

Das brauche ich nicht zu befürchten. Der Vater im Himmel will nicht nur, er kann auch helfen; denn er ist ein allmächtiger Gott, dessen Macht keine Schranken und keine Grenzen hat. Und wenn meine Wünsche noch so kühn wären, – ich darf sie Gott sagen.

Als ich vor Jahren nach Blankenburg zog, wohnte ich dort

erst zur Miete. Das gab immer Schwierigkeiten. Wir hatten sechs gesunde Kinder. Und wo Kinder sind, da geht es nicht immer still und geräuschlos zu. Da wird auch mal eine Tür zugeschlagen.

Über uns wohnten ein paar alte Leute, denen war es nun zu unruhig im Hause. Jeden Samstag wurde mir eine Liste vorgelegt, auf der war verzeichnet, wie oft im Laufe der Woche Türen unsanft zugemacht worden waren. Und der Hauswirt erklärte mir wiederholt, wenn das nicht anders würde, dann müsse er uns kündigen.

Ich sagte das den Kindern, man wolle uns um ihretwillen nicht mehr im Hause dulden. Da fingen die Kinder an zu beten: „Herr, schenke uns doch zu Weihnachten ein Haus!" Und — der Herr hat's getan. Es ging ihm nicht über die Macht. Da war ein alter Doktor gestorben, und die Witwe wollte das Haus gern verkaufen. Ich hätte es lieber gemietet; aber darauf wollte sie sich nicht einlassen. So wurde denn das Haus gekauft. Gott gab uns das Haus und er gab uns auch Geschwister, die uns halfen, das Haus zu erwerben.

Es ist ihm nichts zu groß und nichts zu klein. Er vereinigt die Fülle der Liebe mit der Fülle der Macht. Er ist ein *Vater* und er ist im *Himmel.*

Daraus sollen wir aber zweierlei lernen. Daß wir ihm mit heilger Ehrfurcht und auch mit kindlicher Liebe begegnen. Wir wollen es nie vergessen, daß unser Vater der große lebendige und ewige Gott ist. Und wir wollen es nie vergessen, daß der große und heilige Gott in Christus Jesus unser Vater ist, den wir bitten dürfen, wie die lieben Kinder ihren lieben Vater bitten.

„Unser Vater im Himmel!" Jetzt sollten wir unsere Hände falten und unsere Knie beugen, um anzubeten und zu preisen den großen Gott, der sich in Christus Jesus über uns erbarmt hat, der uns zu Kindern Gottes und zu Erben der Herrlichkeit gemacht hat. Wir dürfen nun sagen, durch den Heiligen Geist gelehrt: Abba, lieber Vater! Nun darf ich beten im Geist und in der Wahrheit, indem ich mich dankend und anbetend mit allen Kinder Gottes zusammenschließe: *Unser Vater im Himmel!*

Die erste Bitte

„Dein Name werde geheiligt!" Wenn wir von der dritten Bitte den Zusatz hinzunehmen: „Dein Name werde geheiligt — auf Erden, wie im Himmel!" heißt es: Möchte er so auf Erden geheiligt werden, wie er im Himmel von den Engeln und den Seinen geheiligt wird.

Da ist nun die erste Frage: *Was ist das — der Name Gottes?* Was haben wir darunter zu verstehen?

Zum ersten Male hören wir von dem Namen des Herrn in 1. Mose 4, 26. Da heißt es: „Zu der Zeit fing man an, zu predigen von des Herrn Namen." Dasselbe lesen wir von Abraham in 1. Mose 12, 8: „Und er baute daselbst dem Herrn einen Altar und predigte von dem Namen des Herrn." In 1. Mose 13, 4 wird uns dasselbe berichtet.

Einen weiteren Einblick erhalten wir in 2. Mose 3, als Gott dem Mose im brennenden Dornbusch erscheint, und Mose zu Gott sprach: „Siehe, wenn ich zu den Kindern Israel komme und spreche zu ihnen: Der Gott eurer Väter hat mich zu euch gesandt, und sie mir sagen werden: Wie heißt sein Name? Was soll ich ihnen sagen? Gott sprach zu Mose: Ich werde sein, der ich sein werde. Also sollst du zu den Kindern Israel sagen: „Ich werde sein" hat mich zu euch gesandt."

Weiter lesen wir in 2. Mose 6, 2.3: „Gott redete mit Mose und sprach zu ihm: Ich bin der Herr und bin erschienen Abraham, Isaak und Jacob als der allmächtige Gott, aber mit meinem Namen „Herr" habe ich mich ihnen nicht offenbart."

Wir sehen hieraus, daß Gott sich immer mehr offenbarte, daß er zunehmend Licht über seinen Namen gab. Immer besser lernten die Menschen Gott durch seine fortschreitende Offenbarung kennen, bis endlich Jesus die höchste und letzte Offenbarung seines Namens brachte. In seinem hohenpriesterlichen Gebet (Joh. 17, 6) sagt er: „Ich habe deinen Namen offenbart den Menschen, die du mir von der Welt gegeben hast." Das war die Offenbarung des Vaternamens, die er uns brachte durch sein Leben und Lehren — wie durch sein Leiden und Sterben.

Der Name Gottes ist aber nichts anderes als das Wesen Gottes. In den Sprüchen heißt es: „Der Name des Herrn ist ein festes Schloß", und in den Psalmen heißt es mehrere Male: „Der Herr ist meine Burg." Da wird von dem Namen des Herrn dasselbe ausgesagt, wie von dem Herrn selber. Der Name Gottes — das ist Gott selber, sein Wesen, seine göttliche, anbetungswürdige Person.

Wenn man einen menschlichen Namen ausspricht, steht sofort ein Bild der betreffenden Persönlichkeit vor unserer Seele, wie wir sie kennen mit ihrem Wesen und ihren Eigenschaften. So bezeichnet auch der Name Gottes zugleich sein Wesen, ja Gott selbst.

Wenn wir nun darum beten, daß Gottes Name geheiligt werden soll, dann heißt das: daß alle Welt Gottes Wesen kennenlernen soll, daß man Gott nach der Offenbarung durch unseren Heiland als den Vater der Liebe kennenlernen soll.

Was heißt das aber: Dein Name werde *geheiligt*? Heiligen heißt soviel wie absondern von dem gewöhnlichen und alltäglichen Gebrauch. Man spricht von heiligen Geräten beim Abendmahl. Das sind Geräte, die nicht für den gewöhnlichen Gebrauch bestimmt sind. Von diesem Teller essen wir nicht alle Tage. Aus diesem Kelch trinken wir für gewöhnlich nicht. Die Geräte sind geheiligt, das heißt dem täglichen Gebrauch entzogen und dem Dienst Gottes geweiht.

So soll auch der Name Gottes dem gewöhnlichen Gebrauch entzogen werden. Er soll nicht wie andere Namen gebraucht werden, sondern er soll verherrlicht, gerühmt und gepriesen werden.

Um aber den Namen Gottes rühmen und preisen zu können, muß man ihn zuvor kennen. Wenn man von mir verlangt, daß ich über irgend jemand ein Zeugnis ausstellen, über ihn eine Empfehlung schreiben soll, dann muß ich ihn zuvor kennen. Das ist selbstverständlich.

So muß ich auch Gott kennen lernen, um ihn rühmen und preisen zu können. Wie kann ich aber Gott kennenlernen? Er hat drei große Werke getan, aus denen ich ihn kennenlernen kann: das Werk der Schöpfung, das Werk der Erlösung und das Werk der Heiligung.

Wir schauen zuerst auf *das Werk der Schöpfung*. Wenn wir die Natur durchwandern, zeigt sie uns herrliche Bilder. Ob wir sie im lachenden Frühling sehen, wenn alle Knospen springen, oder im heißen Sommer, wenn das Korn reift unter dem blauen Himmel, wenn der Herbst alles in ein buntes Gewand gekleidet hat, oder wenn der Winter seine weiße Decke über die Welt breitet — immer fühlen wir uns getrieben, anbetend zu singen:

> Du großer Gott, wenn ich die Welt betrachte,
> die du geschaffen durch dein Allmachtswort,
> wenn ich auf alle jene Wesen achte,
> die du regierst und nährest fort und fort,
> dann jauchzt das Herz dir, großer Herrscher, zu:
> Wie groß bist du! Wie groß bist du!"

Wenn wir an der Küste des Meeres stehen und sehen, wie die Wogen heranrollen und im Sand zerrinnen — oder im Hochgebirge den Aufgang der Sonne erleben oder das Alpenglühen am Abend, — immer überwältigt uns die Größe des Schöpfers.

Und wenn wir emporblicken zum sternenbesäten Himmel und uns sagen: Diese leuchtenden Punkte sind Himmelskörper, größer als unsere Erde, das sind Riesenwelten, die sich da im Raum bewegen — wie geht uns da ein Ahnen auf von der Größe und Erhabenheit unseres Gottes, wie staunen wir die Allmacht des Schöpfers an!

Und blicken wir nicht auf das Große und Ganze, sondern auf das Kleine und Einzelne, wie tritt uns auch da allenthalben die Weisheit Gottes entgegen! Was für ein Wunderwerk ist unser Leib! Wie wunderbar ist alles eingerichtet und angeordnet. Unwillkürlich kommt uns der Vers in den Sinn: „Lobe den Herren, der künstlich und fein dich bereitet!"

Und wenn wir daran denken, daß Gott seine Sonne scheinen läßt über die Bösen und über die Guten, daß er regnen läßt über Gerechte und Ungerechte, dann offenbart sich uns etwas von Gottes großer Güte. Wieviel wird über das Wetter geflucht, wenn es nicht so ist, wie man es haben möchte — und doch gibt Gott immer wieder Sonnenschein und Regen zu seiner

Zeit, und doch krönt er immer wieder das Jahr mit seiner Güte! Was für ein wunderbarer und gütiger Gott!

Die Schöpfung, die wir jetzt um uns sehen, ist eine gefallene Schöpfung! Sie ist hineingezogen in den Sündenfall des Menschen. Sie trägt schwer an dem Fluch, den Gott um des Menschen willen auch über die Erde ausgesprochen hat. Wie ganz anders war es, als die Schöpfung aus der Hand Gottes hervorging! Da gab es noch nicht den Massenmord in der Tierwelt, wo ein Tier das andere umbringt. Da gab es wunderbare Harmonie und Gottesfrieden. Da war alles in Wahrheit „sehr gut".

Wenn wir so das Werk der Schöpfung betrachten, dann lernen wir etwas kennen von der Größe des Schöpfers, von seiner Allmacht und seiner Weisheit, von seiner Güte und Geduld! Und doch sehen wir in der Schöpfung eigentlich nur das Gewand Gottes, nur das Kleid, das er anhat. Wollen wir ihm ins Herz schauen, dann müssen wir das zweite Werk betrachten, *das Werk der Erlösung*.

In Gethsemane und auf Golgatha lernen wir Gott noch ganz anders kennen. Da lernen wir Gottes Heiligkeit und Gerechtigkeit kennen. Da sehen wir, was es auf sich hat mit der Sünde der Welt. Um ihretwillen hängt der Heilige, den niemand einer Sünde zeihen konnte, am Holz des Fluches. Gott hat aller Welt Sünde auf ihn gelegt. Und auf der Sünde ruht der Zorn und der Fluch Gottes.

Sieh, wie der Heiland in Gethsemane auf dem Angesicht liegt und mit Gott ringt, daß dieser Kelch an ihm vorübergehen möchte — und er wird ihm nicht erspart. Das fordert die Heiligkeit und Gerechtigkeit Gottes. O ein heiliger Gott! Das zeigt uns das Kreuz von Golgatha in erschütternder Weise.

Aber auch: was für ein barmherziger Gott! Denn nachdem der Heiland das Opfer für uns dargebracht hat, läßt Gott uns sein Angesicht leuchten in Gnade und Barmherzigkeit.

Das Kreuz von Golgatha zeigt uns unsere große Sünde und Schuld, es zeigt uns aber auch Gottes große Liebe und Huld. Das sehen wir nie und nimmer im „Tempel der Natur" und im „Dom des Waldes", wovon Menschen reden und sagen. Gottes Herz lernen wir nur im Werk der Erlösung kennen. „Gott war in Christus und versöhnte die Welt mit sich selber."

Was für ein Gott, der eine verlorene Welt so geliebt hat, daß er seinen eingeborenen Sohn für sie dahin gab.

Und noch ein drittes Werk lehrt uns Gott kennen, *das Werk der Heiligung*. Das geht uns alle ganz persönlich an. Das erfahren wir an unserer eigenen Seele. Hat Gott uns um Christi willen als seine Kinder angenommen, dann beginnt er mit dem Werke unserer Heiligung. Er beginnt uns umzuwandeln und umzugestalten in das Bild seines Sohnes. Wieviel Mühe macht ihm das, aus solchen Leuten, wie wir es sind, Söhne Gottes zu erziehen.

Wieviel Mühe haben wir alle schon unserem Gott gemacht! Wieviel Widerstand haben wir ihm entgegengesetzt im Werke der Heiligung! Aber er gab das Werk darum nicht auf, weil wir ungehorsam und widerspenstig waren. Er verfolgte zielbewußt seinen Plan, uns in das Bild des Lammes zu gestalten.

So können wir Gott kennenlernen, wenn wir die Werke der Schöpfung, der Erlösung und der Heiligung betrachten. Und Gott kennen und ihn preisen und rühmen, das ist dann dasselbe. Wer ihn kennt, der lobt ihn, preist ihn und betet ihn an.

Wer Gott kennengelernt hat als seinen Vater in Christus Jesus, der stimmt an:

> „O daß ich tausend Zungen hätte
> und einen tausendfachen Mund,
> so stimmt' ich damit um die Wette
> aus allertiefstem Herzensgrund
> ein Loblied nach dem andern an
> von dem, was Gott an mir getan!"

Man kann gar nicht anders, als mit dem Dichter rühmen:

> „Lobe den Herren, o meine Seele,
> ich will ihn loben bis in den Tod.
> Weil ich noch Stunden auf Erden zähle,
> will ich lobsingen meinem Gott."

Kennst du Gott? Kennst du ihn nicht nur als den Gott, der Himmel und Erde gemacht hat, sondern als deinen Vater in Christus Jesus? Lerne ihn kennen — und auch dir geht der

Mund über von dem, des das Herz voll ist. Du trägst dann auch mit dazu bei, seinen Namen zu heiligen, zu rühmen und zu preisen.

Haben wir Gott kennengelernt aus seinen Werken, dann entsteht die Frage, *wie wir denn nun seinen Namen heiligen können?*

Das ist das erste, daß wir ihn loben mit unserem Munde, und zwar nicht nur in guten Stunden, sondern auch in schweren Zeiten. Gerade in dunklen Stunden erfahren wir, was wir an unserem Gott haben. So wie in kalter Winternacht die Sterne am hellsten leuchten, so leuchtet auch auf dem dunklen Hintergrund von Leiden und Trübsalen die Gnade Gottes um so heller und herrlicher.

Paul Gerhardt singt in schwerer Notzeit:

> Warum sollt' ich mich denn grämen?
> Hab' ich doch Christum noch,
> wer will mir den nehmen?

Im 34. Psalm sagt David: „Ich will den Herrn loben allezeit, sein Lob soll immerdar in meinem Munde sein." Als er diesen Psalm dichtete, stand er nicht etwa auf der Höhe seiner Macht, sondern er war am Hofe des Philisterkönigs. In der Heimat war kein Raum mehr für ihn, da war er geächtet und vogelfrei, und im Philisterland mißtrauten ihm die Großen des Reiches. So mußte er den Wahnsinnigen spielen, um sein Leben zu retten. Und in dieser traurigen Lage singt er das Lied: „Ich will den Herrn loben *allezeit*, sein Lob soll immerdar in meinem Munde sein!" In guten Tagen ein Christ zu sein, das ist nicht schwer: ein wirklicher Christ ist der, der es auch im Leid und in Tagen der Anfechtung sein kann.

Im Buch Hiob (35, 10) heißt es einmal von Gott: „. . . der Lobgesänge gibt in der Nacht." Mit dieser „Nacht" ist nicht nur die Nacht gemeint, die mit dem Untergang der Sonne beginnt, sondern auch die Nacht der Leiden. Wie wird da der Name des Herrn verherrlicht, wenn Christen auch in Leidenstiefen getrost und fröhlich sind! Was hat das für einen Eindruck gemacht, als Paulus und Silas im Kerker zu Philippi um Mitternacht angefangen haben zu singen! Das war gewiß dem Kerkermeister noch nie vorgekommen, daß Gefangene in seinem Kerker gesungen haben. Und nun gar diese, die man so furchtbar mißhandelt und in den Stock hineingeschraubt hatte!

Kinder Gottes, habt ihr den Namen des Herrn verherrlicht? Habt ihr sein Lob gesungen in guten und in schweren Zeiten? Wenn ihr eure Hausandacht haltet, singt ihr dem Herrn eure Loblieder? Wie schön wäre es, wenn in allen Familien die Loblieder ertönten zur Ehre Gottes. Gewiß würde das auf manchen Eindruck machen und ihn zum Nachdenken bringen.

Aber laßt uns Gott nicht nur durch unsere Lieder verherrlichen, laßt uns auch sonst die Gelegenheiten benutzen, um ihn zu rühmen! Wieviele Menschen kennen Gott gar nicht, sie haben nie etwas von ihm gehört. Da sollen alle Kinder Gottes darauf bedacht sein, in ihrer Umgebung auf ihn hinzuweisen, der Glück und Frieden den Herzen schenkt.

So kommt dann zum Loben und Singen *das Bekennen Gottes* vor der Welt. Wieviele Gelegenheiten haben wir, den Namen des Herrn zu bekennen in der Werkstatt, im Büro, im Betrieb und in der Bahn! Es mag sein, daß solches Bekenntnis uns nicht abgenommen wird. Aber es könnte auch sein, daß in manches Menschen Herz dadurch ein Strahl der Liebe Gottes fällt. Und das ist gewiß, daß man selber Befriedigung und Freude empfindet, wenn man den Herrn vor Menschen bekannt hat. Paulus schreibt an die Römer: „So man von Herzen glaubt, so wird man gerecht, und so man mit dem Munde bekennt, so wird man selig." Ich glaube, daß dieses „Seligwerden" sich auch auf das Gefühl der Freude bezieht, das man im Herzen empfindet, wenn man den Herrn bekannt hat.

Wie wichtig es ist, die Gelegenheiten zu nutzen, sagt der Herr in dem Wort: „Wer mich bekennt vor den Menschen, den werde ich auch bekennen vor meinem himmlischen Vater; wer mich aber verleugnet vor den Menschen, den will ich auch verleugnen vor meinem himmlischen Vater."

Darum laßt uns nicht nur um Gottes und seiner Ehre willen, sondern auch um unserer selbst willen den Namen Gottes heiligen und verherrlichen durch unser unerschrockenes Bekenntnis vor Menschen.

Dazu muß aber noch eine dritte Art kommen, den Herrn zu verherrlichen: *mit der Predigt unseres Wandels.* Was hilft all unser Rühmen und Preisen mit dem Munde, wenn unser Wandel den Herrn nicht verherrlicht? Wenn man auf die Kinder Gottes zeigt und sagt: „So sind die Frommen! Fromm reden und singen und beten können sie – aber betrügen, das können sie auch", dann dient das nicht zur Verherrlichung Gottes.

Bruder, wie steht es mit dir in deinem Beruf und Geschäft? Bist du treu und gewissenhaft in deiner Arbeit? Läßt du dir auch nicht die kleinste Unredlichkeit und Unehrlichkeit zuschulden kommen? Tust du treulich deine Arbeit in deinem Beruf? Bist du pünktlich auf deinem Platz? Gibst du dir Mühe, gute und saubere Arbeit zu leisten? Du Hausfrau, ist deine Wohnung sauber? Steht das Essen zur rechten Zeit auf dem Tisch? Oder liegst du im Fenster und beobachtest die Vorübergehenden? Oder stehst du auf der Straße und schwätzest mit den Nachbarinnen?

Wenn unser Wandel nicht mit unserem Zeugnis übereinstimmt, dann schadet dasselbe mehr als es nutzt. Dann wäre es besser, du schwiegest ganz, um dem Herrn keine Schande zu machen! Warum haben viele Leute keine Achtung vor dem Christentum? Weil sie Christen gesehen haben, die es an der Tatpredigt des Wandels fehlen ließen!

Gott helfe uns, daß wir in Wort und Werk und allem Wesen dazu beitragen, daß Gottes Name geheiligt werde, wie im Himmel, also *auch auf Erden*!

Wie sieht es denn mit dem Heiligen des Namens Gottes auf Erden aus? Traurig!

Wieviele entheiligen den Namen Gottes *durch gedankenlosen und leichtsinnigen Mißbrauch*! Sie können fast keinen Satz aussprechen, ohne ein „Ach Gott", „Um Gottes willen", „Gott sei Dank" und dergleichen einzufügen. Spricht man mit ihnen darüber, so fragen sie zuerst ganz verwundert: „Ich soll den Namen Gottes mißbraucht haben? Ich wüßte nicht wie und wodurch!" Und sagt man es ihnen, dann antworten sie geringschätzig: „Ach, dabei habe ich mir gar nichts gedacht!"

Ist das eine Entschuldigung? Ich meine, das sei eine Erschwernis. Ist das denn nicht unerhört, daß man den heiligen Namen Gottes in den Mund nimmt, ohne sich etwas dabei zu denken, ja sogar ohne es überhaupt zu wissen, daß man es tut?

Wir haben eins gelernt: „Du sollst den Namen des Herrn, deines Gottes, nicht mißbrauchen, denn er wird den nicht ungestraft lassen, der seinen Namen mißbraucht!"

Und die zweite Art, wie man den Namen Gottes mißbraucht, ist das schändliche *Fluchen*. Wieviele meinen, dadurch den Beweis der Männlichkeit erbringen zu müssen, daß sie recht fluchen!

Was heißt denn eigentlich: fluchen? Es heißt, sich selbst oder jemand anders von Gott etwas Böses anwünschen. Ist das nicht ein schrecklicher Mißbrauch des Namens Gottes, wenn man ihn dazu anruft, daß er jemand schädigen möge? Am fürchterlichsten ist wohl der Fluch, der besonders verbreitet ist, daß Gott den Flucher verdammen möge.

Ich hörte in meiner Soldatenzeit einmal einen Soldaten im Lazarett wiederholt diesen Fluch ausstoßen, daß Gott ihn verdammen solle. Am anderen Morgen, als ich ihn allein hatte, stellte ich ihn zur Rede und fragte ihn, ob er wirklich den Wunsch habe, verdammt zu werden? Er sah mich verwundert an. Ich fuhr fort und sagte, er habe am Abend vorher mindestens ein dutzendmal Gott gebeten, ihn zu verdammen. Gott erhöre auch solche Gebete! Da war er ganz erschrocken und meinte: „Das wird doch wohl nicht wahr sein?" Ich antwortete: „Ganz gewiß, Gott hört und erhört, wenn man ihn um die Verdammnis bittet!" Da gab er mir die Hand und versprach mir, es nicht wieder zu sagen.

So mag es manche Flucher geben, die gar nicht wissen, was sie tun. Aber das ist keine Entschuldigung. Es ist und bleibt Sünde.

Und dann kommt noch eine dritte Sünde dazu, das ist *das Zaubern*. Es ist furchtbar, wie oft dadurch der Name Gottes mißbraucht wird. Man hat Warzen an den Händen, die man gern los sein möchte, man hat irgendeine Krankheit — da geht man zu einem Mann, der im Rufe steht, Wunderkuren zu vollbringen. Der „bespricht" die Sache. Dabei wird der Name des dreieinigen Gottes gebraucht. Dadurch lassen sich viele Leute täuschen, so daß sie meinen, es sei etwas Frommes — und es ist doch die Sünde der Zauberei. Wer sie ausübt, der ist ausgeschlossen von der ewigen Herrlichkeit. Denn es heißt zweimal in den letzten Kapiteln der Bibel: „Draußen sind die Zauberer." Wer sich damit abgibt, der bringt sein Leben unter den Bann des Teufels. Dieser Bann äußert sich später in quälenden Lästergedanken über den Herrn Jesus und den Heiligen Geist, in Schwermutsanwandlungen und Selbstmordgedanken.

Arme Menschen, die durch die Sünde der Zauberei ihr Leben verderben und ihr ewiges Heil aufs Spiel setzen! Und diese Zaubereisünden nehmen schier überhand in aller Welt.

Der Name Gottes wird auf die schrecklichste Weise durch gedankenlosen Mißbrauch, durch schändliches Fluchen und durch Zaubern entheiligt. Man lebt dahin, ohne sich um das Wort und den Willen Gottes zu kümmern.

Und in diese Welt hinein sind die Christen gestellt mit der großen Aufgabe, darum zu beten und daran mitzuarbeiten, daß der Name Gottes geheiligt werde, daß Gott zu Ehren komme in der Welt.

Die Verantwortung ist groß, die auf uns als Christen ruht. Sind wir uns dessen immer bewußt gewesen? Oder haben wir es doch nicht manchmal fehlen lassen? Lesen wir auch noch das Horoskop? Nun, dann wollen wir den Herrn um Vergebung bitten, daß wir so manche Gelegenheiten nicht benutzt haben, um seinen Namen zu bekennen, daß es oft an der Übereinstimmung zwischen Wort und Wandel gefehlt hat. Und wir wollen es als unsere Lebensaufgabe erkennen, an unserm Teile, wohin uns Gott gestellt hat, mit dafür zu sorgen durch Gebet und Zeugnis, durch Wandel und Wesen, daß die Bitte erhört und erfüllt werde: *„Geheiligt werde dein Name!"*

Die zweite Bitte

Nur drei Worte umfaßt sie — und doch, was für eine Fülle von Gedanken ist in diesen drei Worten enthalten: „*Dein Reich komme!*" Fügen wir den Zusatz der dritten Bitte hinzu, so heißt die Bitte vollständig: „Dein Reich komme auf Erden, wie im Himmel!" Das will sagen: So wie im Himmel das Reich Gottes vorhanden ist, so bitten wir, daß es auch auf unsere Erde kommen möchte.

Was heißt das aber „Dein Reich komme" im einzelnen? Vier große Wünsche sind in dieser einen Bitte zusammengefaßt. Zuerst: Dein Reich komme *in uns*, dann: es komme *um uns*, ferner: es komme *durch uns* und endlich: es komme *für uns*.

Erstens: *Dein Reich komme — in uns!* In Lukas 17, 20 wird der Herr Jesus von den Pharisäern gefragt: „Wann kommt das Reich Gottes? Du sprichst immer vom Reich Gottes — wann kommt es denn endlich?" Da antwortete Jesus: „Das Reich Gottes kommt nicht so, daß man's mit Augen sehen kann; man wird auch nicht sagen: Siehe, hier! oder: da! Denn siehe: — das Reich Gottes ist mitten unter euch." Jesus will sagen: Ihr wartet auf das Reich Gottes und fragt nach seinem Kommen und ihr merkt gar nicht, daß es mitten unter euch ist. Nämlich: in der Person Jesu war es auf der Erde erschienen.

Wie kam es aber, daß die Pharisäer das nicht sahen? Die Antwort auf diese Frage gibt Jesus im Gespräch mit Nikodemus: „Es sei denn, daß jemand von neuem geboren werde, so kann er das Reich Gottes nicht sehen." Warum nicht? Weil der natürliche Mensch blind ist für die Welt Gottes. Erst muß der Heilige Geist uns die Augen auftun, sonst haben wir keinen Blick für das Reich Gottes. Wer geöffnete Augen hat, der sieht, daß sich das Reich Gottes ausbreitet. Wem aber die Augen nicht geöffnet sind, der sieht nichts davon. Der sieht vielleicht eine Anzahl von Leuten zusammenkommen zum Beten und Bibelbetrachten — und die hält er für überspannt. Er kann ja nicht anders — weil er das Reich Gottes nicht sehen kann, solange er nicht wiedergeboren ist.

Wie kommt nun das Reich Gottes *in uns* hinein? Das geschieht so, daß wir in das Reich Gottes hineinkommen, indem wir uns dem König Jesus unterwerfen.

Wenn jemand diese Zeilen liest, der Jesus noch nicht angenommen hat, den bitte ich, das doch ja nicht aufzuschieben. Das ist das eine, was not tut. Es muß doch in jedem Leben einmal dahin kommen. Wehe, wer diese Entscheidung verschiebt bis es zu spät ist! Es werden einmal alle Knie sich vor dem Herrn beugen und alle Zungen bekennen, daß Jesus Christus der Herr sei. Aber wenn diese Huldigung nicht beizeiten geschieht, nicht hier im Leben, dann hat sie keinen Wert.

Aber nun wende ich mich an solche, die Jesus angenommen haben. Ich möchte diese fragen: Ist Jesus der unbedingte und uneingeschränkte Herr des Herzens und Lebens geworden? Es kommt gar nicht selten vor, daß man sich dem Herrn übergibt und doch wichtige Gebiete des Lebens zurückbehält. Das ist überaus ernst und folgenschwer.

Man kann Judas nicht bestreiten, daß er sich nicht auch einmal dem Herrn ergeben habe. Er hatte ja doch auch alles verlassen, um dem Herrn nachzufolgen. Aber da war ein Gebiet, das er dem Herrn nicht auslieferte. Und dieses Gebiet des Eigenlebens brachte es dahin, daß dieser Jünger am Strick als Selbstmörder endete.

Man kann Ananias und Saphira nicht bestreiten, daß sie einmal eine Bekehrung erlebt haben. Aber ein Gebiet war auch in ihrem Leben, das nicht ausgeliefert war — ihre Stellung zum Gelde — und darum kamen sie im Gericht Gottes um.

Das ist überaus ernst. Wir sehen daraus: Ein Gott hingegebenes Leben wird gesegnet, wer aber sein Eigenleben festhält, der geht verloren!

Hast du schon eine wirkliche und völlige Hingabe vollzogen — oder hast du nur Hingabe gespielt? Gehört ihm das ganze Herz und das ganze Leben?

Von manchem Christen habe ich schon sagen hören, er sei nur bekehrt bis an den Geldbeutel. Das ist eine schlimme Geschichte, wenn es so steht. Ist das vielleicht auch bei dir der Fall?

Bei anderen ist es das Eheleben, das nicht unter die Herrschaft des Herrn gekommen ist. Da lebt man noch sich selber. Da herrscht nicht der Geist, sondern das Fleisch.

Und wie steht es mit den Erholungsstunden und Ferienzeiten? Manche meinen, wenn sie in den Ferien sind, wo man sie nicht kennt, da könnten sie sich mal gehen lassen. Und dann erlauben sie sich Dinge, die sie zu Hause niemals tun würden. Hat der Herr die Herrschaft über dein persönliches Leben? Hat er die Herrschaft über dein Arbeitszimmer und über dein Geld?

Ach, laßt uns doch unserem Gott nichts vormachen! Wir können ihn doch nicht betrügen! Es muß eine Übergabe geben, „also daß sich kein Gebiet seinem Einfluß mehr entzieht". War das noch nicht der Fall bei dir, dann sag' dem Herrn:

> „Entdecke alles und verzehre,
> was nicht in deinem Lichte rein,
> wenn mir's gleich noch so schmerzlich wäre,
> die Wonne folget nach der Pein."

Halte nichts zurück! Liefere das letzte Stück deines Eigenlebens aus! Solange du noch etwas zurückbehältst, so lange ist dein Friede gestört, so lange bist du noch nicht in der vollen Harmonie mit Gott, so lange bist du noch in der großen Gefahr, ein Ende wie Judas und Ananias zu nehmen. Gib ihm alles, öffne ihm das letzte Geheimfach! Und der Friede Gottes wird dich erfüllen wie ein Strom. Und dein Leben wird ein Segen werden für deine Umgebung. So kommt es zur Erfüllung der Bitte: *Dein Reich komme — um uns!*

In dem Maße, wie das Reich Gottes sich in unserem Leben unbeschränkt ausbreiten kann, werden wir auch ein Segen für unsere Umgebung. Der Segen Abrahams ist noch heute in Kraft: Ich will dich segnen und du sollst ein Segen sein!

In der Apostelgeschichte lesen wir, daß der Herr nach der ersten großen Erweckung „täglich hinzutat, die da gläubig wurden". Wie kam das? Wurden die alle durch den Apostel Petrus gewonnen? Sicherlich nicht. Sondern die dreitausend, die am Pfingstfest gläubig geworden waren, die gingen hin und verkündigten das, was sie erlebt und erfahren hatten. Sie legten bei Verwandten und Bekannten ein Zeugnis ab. Und das taten sie mit solcher Freude und mit solcher Kraft, daß die Leute sagten: Ihr braucht uns das gar nicht zu sagen, daß ihr andere Menschen geworden seid, das sieht und merkt man euch an!

Und so wuchs die Zahl in kurzer Zeit von dreitausend auf fünftausend. Hätte man das Kommen des Reiches Gottes nur von Petrus erwartet, so wäre es um den einen Mann her gekommen. Da nun aber die dreitausend sich für den Herrn einsetzten, vermehrte die Zahl sich bald um tausende.

Das ist der Fehler so vieler Christen heutzutage, daß sie die ganze Arbeit am Reiche Gottes ihrem Pfarrer oder Prediger und Laienprediger überlassen. Die sind dafür da, heißt es. Gewiß sind sie das. Aber doch nicht nur sie, sondern ein jedes Kind Gottes, das sich Jesus unterworfen hat.

Dagegen legen manche Verwahrung ein. Sie sagen, sie könnten nicht reden. Nun, es kommt gar nicht in erster Linie aufs Reden an. Man macht viel zu viel aus dem Reden. Das Reich Gottes besteht nicht in Worten, sondern in Kraft, heißt es in der Bibel.

Aber ich bin überzeugt, daß es auch nur eine Ausrede ist mit dem Nichtredenkönnen. Wenn es sich um irdische Dinge handelt, um Fragen des Berufs, dann werden die allermeisten Menschen beredt. Ich fürchte, die Sache liegt so: Dein Herz ist nicht erfüllt vom Geist Jesu, darum geht dein Mund nicht davon über!

Wenn du aber wirklich nicht reden kannst, dann kannst du doch Gutes tun am Nächsten. Du kannst andere einladen und abholen, mit unter das Wort Gottes zu kommen. Oder du kannst beten für die Sache Gottes. Niemand ist so arm, so unbegabt, daß er nicht auch in irgendeiner Weise mithelfen könnte, daß das Reich Gottes gebaut werde. Und wenn du keine fünf und zehn Pfund empfangen hast von dem Herrn, dann hast du ein Pfund empfangen, und es kommt darauf an, daß du mit diesem einen Pfund treulich wucherst. Vergrab dein Pfund ja nicht im Schweißtuch, daß es nicht nachher heißen müsse: „Bindet ihm Hände und Füße und werfet ihn hinaus in die Finsternis!"

Der Jünger Andreas war, soweit wir wissen, kein besonders begabter Mann. Er hat kein Evangelium geschrieben wie Matthäus, er hat uns keine Briefe hinterlassen wie Petrus und Johannes und Jakobus, und doch verstand er sich auf etwas, was von der höchsten Bedeutung ist im Reiche Gottes.

Das erste Mal finden wir ihn, als er, eben zum Heiland gekommen, zu seinem Bruder Simon geht und ihn zu Jesus führt. Wenn Andreas weiter nichts getan hätte als dies, so wäre er schon eine weltgeschichtliche Person geworden. Denn auf diesem so gering erscheinenden Ereignis ruht eigentlich die ganze Kirchengeschichte!

Das zweite Mal begegnen wir ihm wieder bei der großen Speisung in der Wüste. Da sagt er zu Jesus: „Es ist ein Knabe hier, der hat fünf Gerstenbrote und zwei Fische." Jesus sagt: „Bringet mir sie her!" Und Andreas führt den Knaben zu Jesus. So wird er der Vermittler, der es dem Herrn ermöglicht, dieses Speisungswunder zu vollbringen.

Und das dritte Mal finden wir ihn in derselben Beschäftigung. Griechen waren auf das Fest gekommen, die sich an Philippus wandten mit dem Wunsch, daß sie Jesum gerne sehen wollten. Philippus wußte nicht, was er machen sollte. Er wandte sich an Andreas – und Andreas führte sie zu Jesus.

Nur an drei Stellen tritt Andreas auf – und jedesmal in derselben Beschäftigung: Menschen zu Jesus zu führen.

Als ich noch Pfarrer in Mülheim an der Ruhr war, habe ich einmal einen Vortrag über den Andreas gehalten. Darauf entstand bei uns eine „Andreas-Mission". Die Kinder Gottes wurden eifrig, Menschen zu Jesus zu führen. Sie beobachteten etwa in der Kirche, wer vom Wort angesprochen war – und dann schlossen sie sich ihm auf dem Heimweg an, sprachen mit ihm über die Predigt und fragten, ob sie ihn nicht am Abend abholen dürften zur Versammlung. Wieviele sind auf diese Weise für den Herrn gewonnen worden!

Wenn alle Kinder Gottes so ihre Verantwortung erkennen würden, persönlich mitzuhelfen am Bau des Reiches Gottes, wieviel schneller würde der Bau vonstatten gehen. Wieviele legen müßig die Hände in den Schoß, ja, wieviele stehen geradezu mit ihrem Leben und Wandel dem Bau des Reiches Gottes im Wege! Es gibt kein größeres Hindernis für den Bau des Reiches Gottes, als wenn Kinder Gottes, statt ein Segen für ihre Umgebung zu sein, ein Hindernis und ein Unsegen sind.

Die zweite Bitte stellt uns alle an die Arbeit im Reiche Gottes. Sie verlangt aber auch eine ganze und volle Hingabe an den Herrn. Das Reich Gottes kann nur dann *um uns* kommen, wenn es *in uns* gekommen ist

Sieh, wenn du die zweite Bitte betest, dann verlangt sie von dir eine persönliche Hingabe und einen Einsatz alles dessen, was du hast und was du bist. Willst du dich deinem Gott nicht ganz und gar zur Verfügung stellen? Ich bitte dich, tu es, damit auch durch dich in deiner Umgebung sein Reich komme!

Aber die Bitte „Dein Reich komme" gilt nicht nur uns und unserer Umgebung, sie geht darüber hinaus in die Ferne, zu denen, die noch nichts von Gott hörten. „Dein Reich komme" ist ein Missionsgebet. Man kann gar kein Christ sein, der die Gnade Gottes in seinem Leben so oft erfahren hat, ohne auch der Ungläubigen zu gedenken, die noch in der Finsternis leben.

Görcke hat gesungen:

> „Seid ihr so wohl geborgen
> und lebt nun ohne Sorgen
> und wollet Brüder sehn,
> die noch in Finsternissen,
> vom Satan fortgerissen,
> ins ewige Verderben gehn?
>
> Ihr nennet Jesum euer.
> Ist er euch wirklich teuer,
> und wollt ihr seinen Ruhm,
> so dürft ihr es nicht sehen,
> daß Tausende hingehen
> ohn' Licht und Evangelium!"

Die Erweckungs- und Gemeinschaftsbewegung war von Anfang an auch eine Missionsbewegung. Aus den Kreisen der Stillen im Lande sind die Missionsgesellschaften gegründet worden, die das Evangelium zu den Unbekehrten tragen. Man konnte sich nicht des Evangeliums und des Heils freuen, das man selber hatte, wenn man sich nicht derer erbarmte, die noch fern von Gott in der Nacht des Heidentums lebten.

Im Laufe der Zeit ist dann der Missionsgedanke mehr zurückgetreten. Man sah soviel Heidentum in der Heimat und wendete seine Aufmerksamkeit immer mehr den heimischen Aufgaben zu. Aber hier gilt es: das eine tun und das andere nicht lassen. Gewiß haben wir eine Aufgabe für die „Neuheiden" *um uns*; aber ebenso gewiß ist, daß der Missionsbefehl des Königs Jesus heute noch in Kraft ist: Gehet hin in alle Welt und predigt das Evangelium aller Kreatur!

Wir dürfen die Missionsaufgabe nicht vergessen über der Evangelisation und Gemeinschaftspflege in der Heimat. Sonst vergessen und vernachlässigen wir den deutlichen Missionsbefehl des Herrn.

Gott will uns brauchen, daß *durch uns* sein Reich auch im Kreise der Gottlosen gebaut werde. Wir können ganz praktisch Missionsarbeit tun, wenn wir für die Mission beten. Freilich, das ist kein rechtes Missionsgebet, wenn man einfach betet: „Herr, segne die Mission!" Um recht für die Mission beten zu können, muß man auf dem Missionsgebiet Bescheid wissen, muß man sich für einzelne Missionsgesellschaften oder Stationen oder Missionare interessieren. Dazu gehört, daß man die Nöte und Schwierigkeiten draußen aufs Herz nimmt. Das ist rechtes Missionsgebet, daß man mit Namensnennung für einzelne Missionsstationen und Geschwister eintritt.

Es wird von einem gläubigen Schuhmacher berichtet, daß er ein besonders warmer Freund der Mission war. Wenn Gott ihm irgendeine Gebetslast besonders aufs Herz legte, dann pflegte er das in einem Gebetstagebuch zu notieren. Nach seinem Tode wurde dies Tagebuch gefunden. Da hieß es etwa an einem bestimmten Tage: „Ich mußte heute besonders für Missionar A. beten um Bewahrung", oder an einem anderen Tage: „Heute viel für Schwester B. um Stärkung ihrer Gesundheit gebetet." So ging es durch das ganze Buch.

Nun wurde das Verlangen wach, zu sehen, ob an diesen bestimmten Tagen draußen in der Mission etwas Besonderes geschehen sei. Die Missionsgesellschaft, der das Buch übergeben worden war, fragte bei den in dem Buche genannten Stationen an, was für Aufzeichnungen im Stationsbuch an den betreffenden Tagen gemacht worden seien. Und man machte die Entdeckung, daß an dem Tage, an dem der Schuhmacher für Missionar A. um Bewahrung gebetet hatte, dieser Missionar in der Tat eine merkwürdige Bewahrung erlebt hatte, und daß Schwester B. an dem Tage, an dem für sie gebetet wurde, nach längerer Krankheit wieder aufgerichtet worden war.

So hatte dieser Mann eine ganz praktische Mitarbeit geleistet. Das konnte er aber nur, weil er im Geist in der Mission lebte, weil er auf den verschiedenen Missionsstationen daheim war.

Willst du es nicht auch so machen und dich für ein bestimmtes Gebiet zu interessieren anfangen? Ich bitte dich, nimm dir etliche Geschwister aufs Herz, vielleicht solche, die du persönlich kennst, und dann tritt mit priesterlicher Fürbitte für sie und ihre Nöte ein. Dann wird das Reich Gottes auch durch dich zu den Massen, die noch nie das Evangelium hörten, kommen.

Aber man kann gar nicht für die Mission *beten*, ohne auch für die Mission zu *geben*. Wer anfängt, sich für die Mission zu interessieren, der fängt auch an, für die Mission zu geben. Das ist nun aber leider ein Grund, weshalb manche Brüder in der Heimat keine rechten Missionsfreunde sind und diesen ziemlich ablehnend gegenüberstehen. Sie fürchten: Wenn unsere Leute für die Mission interessiert werden, dann geben sie für die Mission und nicht mehr für unsere Gemeinde oder Gemeinschaft.

Ich bin vom Gegenteil überzeugt. Ich bin gewiß: wem Gott die Mission in der Ferne aufs Herz legt, der wird auch die Mission in der Heimat nicht vergessen. Die Gemeinschaftskasse hat gewiß keinen Fehlbetrag, wenn die Missionskasse gefüllt wird. Ganz gewiß wird der Segen vom Missionsgebiet zurückfließen auf die Arbeit in der Gemeinde. Rechte Missionsfreunde, die fleißig für die Mission beten und geben, werden sich auch als rechte Gemeinde- oder Gemeinschaftsleute ausweisen, das ist ganz gewiß. Ich bin davon überzeugt, daß man der örtlichen Gruppe einen sehr schlechten Dienst erweist, wenn man der Missionsliebe und den Missionsgaben kritisch und ablehnend gegenübersteht aus Besorgnis, daß es dann in der Gemeinschaftskasse fehlen würde.

Brüder, laßt uns nicht engherzig und kurzsichtig sein! Laßt uns die Liebe zur Mission wecken und pflegen, wo wir können. Damit fördern wir auch die heimische Arbeit. Das ist ganz sicher. Wenn du das bezweifelst, dann fange einmal damit an, mach' einmal einen Versuch! Es wird sich bald herausstellen, daß ein Mensch, der für missionarische Aufgaben aufgewacht ist, auch die örtliche Arbeit nicht vergißt!

„Dein Reich komme!" Das heißt auch: *Durch uns* zu den Ungläubigen, durch unsere Gebete und unsere Gaben!

Und nun müssen wir noch von einer vierten Bedeutung dieser Bitte sprechen. „Dein Reich *komme – für uns!*"

Dabei lassen wir unseren Blick nicht über die Lande dahingehen, sondern wir lassen ihn über die *Zeit* dahingehen.

Immer größer wird der Haß gegen Gott und seinen Gesalbten in der Welt. Wir haben Frieden, aber in Wirklichkeit geht der Krieg doch weiter. Die Ungerechtigkeit nimmt überhand in der Welt. Da wird immer flehender das Gebet der Gemeinde aufsteigen: „Dein Reich komme!" Denn der Herr hat gesagt, daß er wiederkommen werde, um sein Reich aufzurichten. Das ist unsere Hoffnung!

Und was wird er bringen? Zuerst das Gericht über eine abgefallene Christenheit, die den Herrn verleugnet hat, und dann die Errettung der Gemeinde.

Da werden die Toten in Christus auferstehen zuerst. Dann werden die lebenden Gläubigen verwandelt werden in das Bild des Sohnes Gottes in einem Augenblick.

Und dann wird die Gemeinde des Herrn, die aus den auferweckten „Toten in Christus" und den verwandelten Lebenden besteht, ihre Himmelfahrt halten, dem Herrn entgegen in der Luft.

Wie wird das sein, wenn nach den mancherlei Nöten und schweren Lebensführungen wir bei dem Herrn sein dürfen, ihn sehen dürfen, wie er ist, ihm gleich sein dürfen!

Und dann wird er kommen mit seinen Engeln und mit seinen Heiligen, um das Friedensreich aufzurichten.

> „Eine Herde und ein Hirt!
> Wie wird dann dir sein, o Erde,
> wenn sein Tag erscheinen wird!
> Freue dich, du kleine Herde!
> Mach' dich auf und werde licht!
> Jesus hält, was er verspricht!"

Wie wird das sein, wenn wir mit Christus regieren werden tausend Jahre! Wenn das nicht geschrieben stände, würden wir es nicht glauben, so wunderbar ist das, so über alles Verstehen geht das: *wir* sollen mit Christus regieren! Aber es steht geschrieben im Wort der Wahrheit! Und darum warten wir auf dieses Reich Gottes auf Erden und darum beten wir: „Dein Reich komme!"

Man kann nur dann um das Kommen des Reiches Gottes beten, man kann nur dann darauf warten, wenn man sich auch darauf vorbereitet. Denn nur die werden Teil daran haben, die in Christus gelebt haben und die in Christus entschlafen sind. Darum ist die Mahnung des Liedes so nötig und wichtig an die kleine Herde: „Mache dich auf und werde licht!"

So fordert diese Bitte „Dein Reich komme!" von uns selber ein Leben in der Hingabe, ein Leben der Heiligung, ein Leben des Dienstes, ein Leben des Gebets. Gott schenke uns, daß wir alle solche Leute werden, die im Geist und in der Wahrheit beten: *Dein Reich komme — in uns — um uns — durch uns — und für uns!*

Die dritte Bitte

„Dein Wille geschehe auf Erden wie im Himmel!" Damit spricht der Beter seinen Wunsch und sein Verlangen aus, daß auf Erden der Wille Gottes ebenso geschehen möge, wie er im Himmel geschieht. Wie geschieht denn der Wille Gottes im Himmel? Wenn Gott einen Befehl gibt, dann geschieht derselbe sofort und unbedingt durch die Engel und die Seinen. Es steht geschrieben: Er macht seine Engel zu Winden und seine Diener zu Feuerflammen.

Kann man sich denken, daß ein Engel den Willen Gottes erst auf die Waage legt, wie das die Menschen, auch Gotteskinder, leider noch so oft tun, um festzustellen, ob das leicht oder schwer ist, was Gott verlangt? Kann man sich denken, daß ein Engel, dem Gott einen Befehl gibt, sagt, er müsse sich das erst überlegen, er habe jetzt gerade keine Zeit? Nicht wahr, diesen Gedanken denken und aussprechen, das heißt: ihn ablehnen.

Im Himmel gilt's: „So er spricht, so geschieht's, so er gebeut, so steht's da!" Unbedingt und sofort wird der Wille Gottes ausgeführt. Da gibt's kein Bedenken und Überlegen.

Und nun bittet der Beter, so möchte auch auf Erden der Wille Gottes geschehen. Was für eine gewaltige Bitte!

Wie steht es denn auf Erden in dieser Beziehung? Die Erklärung Luthers zur dritten Bitte sagt mit Recht, daß ein dreifacher feindlicher Wille dem Willen Gottes entgegenstehe, nämlich: *des Teufels, des Menschen* und *unseres Fleisches Wille*. Solange dieser böse Rat und Wille nicht gebrochen wird, ist kein Raum für den Willen Gottes.

Des Teufels Wille steht dem Willen Gottes feindlich gegenüber. Was ist denn des Teufels Wille? Die Menschen zu verderben, sie auf ewig zugrunde zu richten. Von Natur sind wir unter der Obrigkeit der Finsternis, wie der Apostel schreibt. Und der Teufel tut, was er kann, um die Menschen unter seiner Gewalt zu halten. Das merkt jeder, der sich Jesus ausliefern möchte. Bis dahin hat er nichts oder nicht viel von dem Vorhandensein des Teufels gespürt; nun aber merkt er, daß es einen Teufel gibt. Dann geht der Kampf an. Vater und Mutter sind dagegen, die Frau oder der Mann gerät ganz außer sich, die Freunde und Nachbarn spotten und drohen – kurz, der Teufel bietet alles auf, um den Menschen nicht zu Jesus kommen zu lassen.

Und wenn er sich doch Christus zugewandt hat, dann versucht der Feind alles mögliche, um ihn wieder zurückzubringen. Solange wir im Leben sind, hören seine Versuche nicht auf, die Kinder Gottes zu versuchen. Wollen wir beharren bis ans Ende, dann brauchen wir Tag um Tag die bewahrende Gnade.

In vergangenen Zeiten trat der Wille des Teufels besonders so hervor, daß er die Verfolgung der Ketzer betrieb, daß er die Sache Gottes auf die Weise umzubringen trachtete, daß er gegen die Ketzer hetzte. Was haben die Christen im alten Rom getan, daß sie so grausam verfolgt wurden, daß man sie den wilden Tieren vorwarf? Sie waren gute Staatsbürger, die treulich ihre Pflicht taten. Nur – daß sie den Kaiser keine abgöttische Verehrung darbringen wollten. Nun, die Verfolger waren Heiden. Das kann man verstehen, daß sie sich dazu hergaben, Handlanger des Teufels zu sein, die Kinder Gottes auszurotten.

Aber wie stand es in der späteren Zeit? Da war es kein Heidentum, da war es die Papstkirche, die die Ketzer verfolgte. Was haben die Salzburger denn getan, daß sie in Eis und Schnee von Haus und Hof getrieben wurden? Was haben die Hugenotten in Frankreich getan, daß man in der furchtbaren Bartholomäusnacht in Paris allein 20 000 ermordete? Und die entsetzlichen Dragonaden unter Ludwig XIV.! Es wäre ja gar nicht zu verstehen, daß Herrscher mit getreuen Untertanen so umgingen, wenn nicht dahinter der Wille des Teufels stände. Hinter allen Christenverfolgungen der Kirchengeschichte steht der Wille des Teufels, auch heute!

In jeder Zeit weht der Geist des Widersacher Gottes aus einer andern Richtung. Heute ist u. a. der *Okkultismus* die herrschende Zeitströmung. Man beschäftigt sich mit der Geistes- und Geisterwelt, über die man vor ein paar Jahren nur lachte. Da war alles „Schwindel" und „Betrug", als man an keine Wunder glaubte. Heute dagegen ist man so wundersüchtig, daß man das Tollste und Törichteste glaubt.

Man tritt mit abgeschiedenen Geistern in Verbindung, um von ihnen Aufschlüsse über die Welt des Jenseits zu bekommen. Man will durch Tischrücken und Gläserrücken, durch Horoskope und Astrologie Auskunft über die Zukunft bekommen. Man geht zur Kartenlegerin und läßt sich die Zukunft wahrsagen; man läßt sich besprechen in allerlei Krankheitsfällen. Daß das Sünde ist, schwere Sünde, wer weiß das? Wer denkt daran?

Und was ist die Folge dieser Sünden der Zauberei? Für gewöhnlich eine ganz furchtbare. Das ganze Leben kommt unter einen Bann des Teufels. Es ist schwer, daß ein Mensch, auf dem ein solcher Bann liegt, zum Glauben kommt. Und wenn er doch das Heil ergriffen hat, dann — quält ihn der Teufel. Namentlich, wenn man das Wort hören oder lesen will oder wenn man beten will, dann kommen Gedanken der Lästerung über den Herrn Jesus und über den Heiligen Geist ins Herz, ja manchmal auch über die Lippen. Am liebsten möchten solche armen Menschen nicht mehr die Bibel aufschlagen, nicht mehr beten, um nur diesen schrecklichen Gedanken zu entrinnen.

Und zu den Lästergedanken kommen die Selbstmordgedanken, die manche namenlos quälen. Dazu oft noch schwermütige Anwandlungen. Es ist furchtbar, wie die armen Menschen gequält werden, die sich im Bann des Teufels befinden! —

Zu diesem Willen des Teufels, der sich im Okkultismus und Spiritismus offenbart, kommt dann der Wille des Teufels, der sich der sektiererischen Richtungen und Strömungen bedient, um die Menschen zu verderben. Er will die Menschen abbringen vom Kreuz von Golgatha, von der durch Jesus Christus geschehenen Erlösung. Das ist das Gemeinsame in vielen Sekten. Das Kreuz wird entwertet und verdunkelt. Irgend etwas anderes wird an die Stelle gestellt: Das Gesetz oder die Versiegelung oder was es sein mag. Man wird nicht errettet und erlöst durch die Erlösung, die Jesus vollbracht hat durch sein Blut und Sterben, sondern man wird erlöst durch gesetzliche Bestrebungen und durch eigene Bemühungen.

Dann aber ist dem Feinde sein Plan gelungen, wenn es ihm geglückt ist, das Kreuz zu verdunkeln. Das Urteil über solche

Sekten schreibt der Apostel Paulus im Galaterbrief: „Ihr habt Christum verloren, die ihr durchs Gesetz gerecht werden wollt, und seid von der Gnade gefallen." Was für Worte! Von der Gnade gefallen! Kann es etwas Schlimmeres geben als das?

Das ist es aber, was der Teufel will. Er will, daß man Christus verliert und von der Gnade fällt. —

Der zweite böse Rat und Wille, der dem Willen Gottes entgegensteht, ist *der Wille des Menschen*. Er sagt: Nur nicht so extrem, nur nicht so einseitig! Man muß jeden nach seiner Fasson selig werden lassen! Man muß doch seine Religion haben, selbstverständlich! Aber warum soll man deshalb auf alles andere verzichten?

So sucht man eine sehr bequeme Religion herzustellen, die dem Menschen entspricht und wohlgefällt.

Paulus sagt klar und scharf: „Ihr könnt nicht sitzen an des Herrn Tisch und an des Teufels Tisch. Wie reimt sich Christus mit Belial?"

Aber — das ist nun einmal die Meinung der Menschheit, daß sich das ganz gut verbinden lasse. Wir sind doch auch so ganz gute Christen! So genau muß man das nicht nehmen, was in der Bibel steht! Wer lebt denn danach? Das tun die Pfarrer ja selber nicht. Nein, leben und leben lassen, das ist die beste Parole. Ich halte es mit der goldenen Mittelstraße. So redet man — und wieviele lassen sich belügen und betrügen.

Das Schlimmste ist, daß wir in der vom Teufel belagerten Festung unseres Herzens einen Verräter haben, das ist „*unsres eignen Fleisches Wille*". Das braucht kein auf grobe sinnliche Dinge gerichteter Wille zu sein. Jeder Eigenwille ist dem Willen Gottes entgegengesetzt.

Ein biblisches Beispiel dafür ist Lot. In einer Stunde seines Lebens hat er nach seinem Eigenwillen gehandelt, er hat das Sodomtal gewählt. Und wie ist sein ganzes Leben dadurch unglücklich geworden!

Wie oft geht das so! Wie manches junge Mädchen setzt seinen Eigenwillen durch in der Wahl seines Mannes — und läuft ins Unglück! Wie mancher bemüht sich um eine Stellung und setzt alle Hebel in Bewegung, um sie zu erhalten, und dann merkt er, daß er eine „Riesendummheit" gemacht hat.

Das Sprichwort sagt zwar: Des Menschen Wille ist sein Himmelreich. Aber das ist nicht wahr. Wer dem eigenen Willen folgt, bezahlt es immer mit Kummer und Herzeleid. Das ist ganz gewiß.

Darum gibt es nur einen Rat: den Eigenwillen dranzugeben, ihn Gott zu opfern. Die Dichterin sagt:

> „Vor meines Herzens König
> Leg' eine Gab' ich hin,
> und ist's auch arm und wenig,
> ich weiß, es freut doch ihn.
> Es ist mein eigner Wille,
> den geb' ich in den Tod,
> auf daß mich ganz erfülle
> dein Wille, Herr, mein Gott."

Erst wenn der Eigenwille abgesetzt und abgedankt ist, wird die Bahn frei für den Willen Gottes. Erst wenn all der böse Rat und Willen, der dem Willen Gottes entgegensteht, gebrochen ist, kann der gute, gnädige, wohlgefällige Gotteswille geschehen.

Mein Freund, es muß einen Wechsel in deinem Leben geben. Der Eigenwille, hinter dem des Teufels Wille oft steht, muß abgesetzt werden. Ich sage dir: das ist der Weg zum Glück und Frieden. Ach, bringe das Opfer deines Eigenwillens, damit in deinem Herzen und Leben *sein Wille geschehe!*

Was will denn Gott? Darüber müssen wir uns doch klar werden, wenn wir darum beten, daß sein Wille geschehe.

Paulus schreibt an den Timotheus: „Gott will, daß allen Menschen geholfen werde, daß sie zur Erkenntnis der Wahrheit kommen." Darin liegt unsere Hilfe, daß wir die Wahrheit erkennen, die in Christus Jesus ist. Denn Christus ist die Wahrheit, wie er selber gesagt hat.

Die Wahrheit in Christus Jesus ist, daß wir Sünder sind, an denen nichts Gutes ist, die Sünde *getan* haben in Gedanken, Worten und Werken. Das ist wohl eine schmerzliche Wahrheit, aber es ist die Wahrheit.

Aber es ist nur der erste Teil der Wahrheit in Christus. Der andere Teil ist: für verlorene Sünder gab Gott seinen Sohn und vollbrachte die Erlösung. Diese Erlösung dürfen wir ergreifen und annehmen im Glauben. Das ist die Wahrheit in Christus. Wer die ergreift, dem ist geholfen.

Hast du, lieber Leser, dir schon helfen lassen? Vielleicht sagst du, deine Sünde sei zu groß, so schnell könnest du das nicht glauben, daß die Erlösung auch für dich geschehen und da sei. O nein! Es ist ganz einerlei, was wir getan haben, ob unsere Sünden nach unserer Schätzung leicht oder schwer waren — die Erlösung ist vollbracht für eine ganze verlorene Welt, also auch für dich. „Glaub' es doch und denke dran: Jesus nimmt die Sünder an.“

Das ist aber noch nicht der ganze Wille Gottes, daß wir gerettet werden. Paulus schreibt (1. Thess. 4, 3): „Das ist der Wille Gottes, *eure Heiligung*.“

Das bedeutet, daß Gott diejenigen, die sich haben retten lassen, nun umwandelt und umgestaltet zur Ähnlichkeit des Sohnes Gottes. Er nimmt uns das Eigene, Selbstische, Sündliche, um uns dafür das seine, das Göttliche zu geben, damit wir, wie der Apostel Petrus schreibt, „dadurch teilhaftig werden der göttlichen Natur“.

Das tut er nicht aus Willkür, sondern von dem Verlangen erfüllt, uns zu heiligen. Das Wort Gottes, das die Knechte Gottes verkündigen, macht auf die Ecken und Kanten des Eigenlebens aufmerksam. Es zeigt, wo etwas ist, das weg muß, das mit dem Bilde des Lammes nicht übereinstimmt.

Wenn das Wort Gottes solche Mängel und Schäden unseres Lebens aufdeckt, wenn es uns klar wird, daß dieses und jenes in unserem Leben mit dem Wort und Willen Gottes nicht übereinstimmt, dann fragt es sich, wie wir uns dazu verhalten. Entweder wir geben dem Worte Gottes recht, wir lassen das Eigene, das uns aufgedeckt ist — oder wir setzen uns über das Wort Gottes hinweg und halten an dem Eigenleben fest.

Gottes Wille ist unsere Heiligung — und doch gibt es Kinder Gottes, die auf den Liebeswillen Gottes nicht eingehen, die sich dem Worte Gottes widersetzen!

Hast du es auch schon so gemacht? Tu es nicht mehr! Gott hobelt nichts herunter, was nicht herunter muß; davon kannst du überzeugt sein. Laß dir den Hobel Gottes gefallen, wenn er dich durch sein Wort aufmerksam macht auf Punkte in deinem eigenen Leben, wo es nicht stimmt. Sonst wirst du die Wahrheit des Sprichwortes erfahren: Wer nicht hören will, muß fühlen.

Gott gibt seinen Plan, uns zu heiligen, nicht auf. Wollen wir uns nicht durch das Wort Gottes bestimmen lassen, dann versucht er es auf andere Weise, zum Ziel zu kommen. Wie manche Krankheit, die er uns schickt, ist nichts anderes als ein Hobel in Gottes Hand! Hat man in guten Tagen sich nicht Zeit genommen, an seine Seele zu denken, dann legt uns Gott einmal eine Weile aufs Krankenbett, damit wir zur Besinnung kommen und uns darüber klar werden, wie wir zu Gott stehen.

So kann auch die Krankheit und das Leid ein Erziehungsmittel in Gottes Hand sein. Er hat nie Gedanken des Leides mit uns, sondern Gedanken der Liebe und des Friedens, wenn er uns in die Trübsalsschule nimmt. Wer das erkennt, der heißt auch die Trübsal willkommen, wenn sie — freilich als ein ungebetener Gast — an unsere Türe klopft. Wir wollen sie nicht abweisen, sie kommt von Gott, sie soll uns einen Dienst leisten, einen sehr nötigen und wichtigen Dienst.

Noch andere Hobel gebraucht Gott zu unserer Heiligung. Ein sehr oft gebrauchtes Werkzeug können die unangenehmen Menschen sein, die Gott in unser Leben hineinstellt. Da ist der ungerechte Vorgesetzte — wie wir ihn nennen; ob er wirklich ungerecht ist, ist noch sehr die Frage —, da ist der unangenehme Kollege, die empfindliche Verwandte, der grobe Nachbar — und wie sie alle heißen mögen. Wie oft haben wir diese uns so unbequemen Menschen schon dahin gewünscht, wo der Pfeffer wächst, nicht wahr? Dabei haben wir gar nicht erkannt, daß Gott uns durch diese Menschen heiligen wollte! Wenn diese Menschen aus unserem Leben wegkämen, — würden wir wohl niemals in das Bild des Lammes verwandelt werden. Gerade der grobe Nachbar erzieht uns zur Sanftmut und Demut, gerade die empfindliche Verwandte verpflichtet uns zur Freundlichkeit, und so ist es mit allen.

Wie gut, daß Gott diese Menschen auf unseren Lebensweg gestellt hat! Wir haben sie nötig! Es würde nie das aus uns werden, was Gott aus uns machen will, wenn diese Menschen nicht da wären. Wir sollten uns nicht über sie ärgern, wie wir das so oft getan haben, sondern wir sollten Gott dafür danken! Das wäre das Rechte. Dann würden wir erfahren, daß sie aufhören, uns beschwerlich zu sein. Sobald wir diese Leute mit Dank aus der Hand Gottes nehmen, hören wir auf, uns über sie zu ägern.

Tersteegen hat einen köstlichen Vers gedichtet, in dem er von diesen Menschen redet, die uns das Leben schwer machen. Er heißt:

> „Was geht's mich an, wie's der und jener macht,
> und wie man sich auch gegen mich beträgt, —
> mach ich's nur recht, steh' ich nur auf der Wacht,
> werd' ich nur klein, werd' ich nur rein gefegt,
> dann scheure jeder, was er kann —:
> Gott schenkt's, Gott lenkt's, ich lieb' den Mann."

Ach, daß wir so ihm nachsprechen lernten! Wie wenige haben das begriffen! Darum kommt Gott mit uns nur langsam zum Ziel, weil wir gar nicht erkennen, daß es Gott ist, der schwierige Menschen als seine Werkzeuge benutzt. Man bleibt bei den Menschen stehen, man schaut auf die Menschen, anstatt auf den Herrn zu blicken. Daß wir es doch erkennen und festhalten möchten:

> „Ich weiß, sein Liebeswille
> ist meine Heil'gung nur.
> Drum will ich halten stille
> und folgen seiner Spur."

Ja stillehalten, das ist es, darauf kommt es an. Ich bin gewiß, Gott wäre mit uns schon weitergekommen im Werke der Heiligung, wenn wir ihn nicht so oft gehindert hätten, wenn wir nicht so oft unser Eigenleben gelebt hätten.

Willst du, daß Gott sein Ziel mit dir erreicht? Dann mußt du dir auch den Weg gefallen lassen, der an dieses Ziel führt. Es bleibt dabei: Es ist der Wille Gottes, unsere Heiligung.

Vollendung. Darüber schreibt Paulus in Römer 8: „Wir wissen, daß denen, die Gott lieben, alle Dinge zum Besten dienen." Und dann wird uns dieses „Beste" genannt: „Daß wir gleich sein sollen dem Ebenbilde seines Sohnes."

Gleichgestaltung mit dem Bilde seines Sohnes, das ist das Ziel. Darauf arbeitet er bei uns hin, planmäßig und zielbewußt. Und er sehnt sich nach dem Tage, wo der Heilige Geist nach Beendigung des Werkes sagen kann: Es ist vollbracht!

Wird denn jemals das Ziel erreicht werden? Wenn wir auf uns blicken, dann sind wir geneigt, zu sagen: Aus mir wird nie etwas werden! Aber es steht geschrieben: „Wir werden ihm gleich sein, denn wir werden ihn sehen, wie er ist." Wir werden! Gott kommt zum Ziel! Gott bringt es fertig, daß „in Wort und Werk und allem Wesen sei Jesus und sonst nichts zu lesen". Wir wollen uns ihm hingeben und ihm vertrauen:

> „Was er sich vorgenommen
> und was er haben will,
> das muß doch endlich kommen
> zu seinem Zweck und Ziel."

Das ist der Wille Gottes, der über unserem eigenen und persönlichen Leben steht. Er will unsere Errettung, unsere Heiligung, unsere Vollendung. Haben wir das klar erkannt, dann werden wir am Krankenbett eines geliebten Menschen auch damit rechnen, daß Gottes Wille gut und gnädig ist, daß Gott sein zeitliches und ewiges Wohl und Heil im Auge hat, und wir werden unsere teuren Kranken getrost und vertrauensvoll in die Hand des Herrn legen: „Dein Wille geschehe!"

Aber der Wille Gottes geht nicht nur uns an. Er geht die ganze Welt an. Er will ja, daß *allen* Menschen geholfen werde. Und da schaut Gott nun auf dich und mich, ob wir ihm helfen wollen? Mit anderen Worten: Er stellt uns an die Arbeit, er ruft uns in den Dienst. Das heißt, daß „jeder Christ im Dienst für den Herrn" sein soll, zunächst in seiner Umgebung.

Das ist der Wille Gottes, daß wir unserer Umgebung in der Familie, im Büro, im Stall und auf dem Acker zeigen, was ein Kind Gottes ist, daß uns Kräfte einer oberen Welt zur Verfügung stehen, die uns in den Stand setzen, zu tragen und zu dulden und zu schweigen, wo andere aus der Haut fahren und heftig werden. Haben wir in der Schule der Heiligung gelernt, daß hinter allem und über allem der Liebeswille Gottes steht, dann nehmen wir auch das Unangenehme im Leben aus Gottes Hand und — so werden wir ein „Denkmal" und Zeugnis davon, was die Gnade aus uns machen kann.

Das ist der Wille Gottes, daß wir ihn verherrlichen und darstellen vor den Leuten, daß wir in Wort und Werk, auf alle Art und Weise mit dazu beitragen, daß die Menschen Jesus erkennen.

Wie sollen denn die Menschen dahin kommen, sich dem Willen Gottes zu unterwerfen, wenn sie nicht sehen, daß es eine herrliche Sache ist um ein Leben, das unter der Leitung des guten, gnädigen Gotteswillens steht?

Wer ihn kennengelernt hat, der weiß, daß Gottes Wille des Menschen Himmelreich ist. Dazu hat Gott uns in diese Welt, in der der Wille des Fürsten der Welt gilt, hineingestellt, daß wir darum beten und mit daran arbeiten durch unser Vorbild und Beispiel, *daß sein Wille geschehe auf Erden wie im Himmel.*

Die vierte Bitte

Mit der vierten Bitte beginnt die zweite Reihe von Bitten, die sich mit unserer irdischen Not beschäftigen, die man unter die gemeinsame Überschrift stellen kann: „Nimm von uns, was uns quält!"

Überblicken wir die Bitten dieser zweiten Reihe, dann gewinnen wir den Eindruck, daß die Bitte: „Vergib uns unsere Schuld" und auch die andere: „Führe uns nicht in Versuchung" eigentlich viel wichtiger ist, als die vierte Bitte, die sich mit dem täglichen Brot beschäftigt. Warum hat denn aber der Herr Jesus diese Bitte an den Anfang gestellt und nicht vielmehr an den Schluß? Weil er weiß, wie wichtig uns die Bitte um das leibliche Leben ist. Hat er uns zuerst gelehrt, die Angelegenheiten Gottes voranzustellen, so trägt er nun unserer Schwachheit dadurch Rechnung, daß er uns erlaubt, jetzt mit der Bitte um das tägliche Brot zu kommen.

„Gib uns unser tägliches Brot immerdar." Schon die Tatsache, daß Jesus uns diese Bitte erlaubt und in den Mund legt, ist ein Beweis davon, daß sie auch erhört wird. Er würde uns ja doch diese Bitte nicht selber eingeben, wenn er nicht bereit wäre, sie auch zu erhören.

So gewinnen wir schon aus der Tatsache, daß diese Bitte im Vaterunser steht, die Gewißheit, daß Gott in den Fragen des täglichen Lebens für uns sorgt, daß er uns geben will und wird, was wir brauchen.

So bezeugt uns diese Bitte die Wahrheit: Gott sorgt. Das wird uns auch an anderer Stelle bezeugt. Petrus fordert uns auf: „Alle eure Sorgen werfet auf ihn, denn er sorgt für euch."

Hast du schon mal über dieses Wort nachgedacht und warum der Apostel uns auffordert, die Sorgen auf den Herrn zu *werfen* – und nicht zu *legen*? Wenn wir einen Gegenstand wegwerfen, so trennen wir uns von ihm. Wenn wir ihn aber nur weglegen, so bleibt er in unserer Nähe und wir können ihn jederzeit wieder an uns nehmen. Haben wir das nicht alle schon so gemacht, daß wir erst im Gebet die Sache, die uns

Sorgen machen wollte, dem Herrn hinlegten – und nachher nahmen wir sie wieder an uns und trugen die Sorgenlast weiter? Ist das nicht eine große Torheit? Hat es uns denn schon irgendwelchen Nutzen gebracht, uns Sorgen zu machen? Noch nie. Es ist ganz verlorene Zeit, sich mit Sorgen abzugeben.

> „Mit Sorgen und mit Grämen
> und mit selbsteigner Pein
> läßt Gott sich gar nichts nehmen,
> es muß erbeten sein."

Aber wenn wir unsere Sorgen auf den Herrn warfen und sie ihm auch ließen, dann erfuhren wir es auch ganz wunderbar: Gott sorgt. *Gott sorgt.* Das predigt uns die Bibel und die Erfahrung der Kinder Gottes.

Einst gab es eine große Teuerung in Ägyptenland, sieben Jahre nacheinander Mißernte. Das ganze Volk wäre verhungert und die Familie des Erzvaters Jakob dazu, wenn nicht Gott vorgesorgt hätte! Wie hat er das gemacht? In einer Nacht hatte der König Pharao den merkwürdigen Traum von den fetten und mageren Kühen. Und als er aufgewacht und wieder eingeschlafen war, hatte er den Traum von den dicken und dünnen Ähren. Als niemand den Traum deuten konnte, wurde Joseph aus dem Gefängnis geholt. Er deutete dem König die Träume und riet ihm, in den sieben fetten Jahren alles Getreide aufzuspeichern, um für die nachfolgende Teuerung Vorrat zu haben. So geschah es. Niemand ging in der Not zugrunde, Gott hatte vorgesorgt.

Durch die Wüste zog das Volk Israel, eine halbe Million stark. Da konnte man weder säen noch ernten. Und doch verhungerte niemand. Gott sorgte und gab dem Volke das Manna vom Himmel, Tag um Tag, Jahr um Jahr. Er gab ihnen Wasser aus dem Felsen. Er versorgte sie, bis sie nach Kanaan kamen – da hörte das Manna auf.

Nachdem Elia den Befehl Gottes an den König Ahab ausgerichtet hatte, schickt ihn Gott an den Bach Krith in die Verborgenheit. Da ist wohl Wasser zu trinken, aber nichts zu essen. Deshalb versorgt Gott seinen Knecht durch die Raben. Und als das Wasser im Bach versickert ist, da gebietet ihm Gott: „Mache dich auf und gehe gen Zarpath, denn ich habe einer Witwe geboten, daß sie dich daselbst versorge!" Gen Zarpath! Ins Heidenland! Das war nicht leicht für den Propheten Israels. Und zu einer Witwe, die doch selbst nichts hatte! Das war erst recht nicht leicht für ihn. Aber er geht im Gehorsam den Weg. Und das Öl im Krug wurde nicht verzehrt und das Mehl im Kad wurde nicht alle, drei Jahre und sechs Monate. So sorgt Gott.

So versorgte er auch den Propheten Elisa.

So sorgte er auch in der Wüste, als die Tausende dem Heiland zuhörten. Er sättigte sie mit den wenigen Broten und den paar Fischen.

Alle diese Geschichten bestätigen die Wahrheit: Gott sorgt!

Und die Erfahrung der Kinder Gotes bestätigt es nicht minder. Der Psalmist bezeugt es als seine Lebenserfahrung: „Ich bin jung gewesen und alt geworden und habe noch nie gesehen den Gerechten verlassen oder seinen Samen nach Brot gehen."

Hat das nicht auch ein August Hermann Francke erfahren mit seinem Waisenhaus? Und ein Ernst Gottlieb Woltersdorf? Und ein Georg Müller in Bristol? Und eine Schwester Eva von Tiele-Winckler mit ihren Heimaten für heimatlose Kinder? Das haben in den Jahren nach dem Kriege viele erfahren dürfen. Beim Rückblick auf diese Zeit kann man wohl sagen: was war das für eine schreckliche Zeit! Man kann aber auch sagen: Wie hat uns doch Gott so wunderbar versorgt und durchgebracht!

Und wenn wir das erlebt und erfahren haben, dann sollten wir doch eins gelernt haben: Gott zu vertrauen. Hat er in solchen Nöten uns nicht stecken lassen, so wird er uns auch weiter durchhelfen. Wir müssen uns wahrlich schämen, wenn wir nach solchen Erfahrungen uns noch Sorgen machen. Das heißt Gott mißtrauen. Und das hat er wahrlich nicht verdient. Nein, wir wollen ihn doch künftig ehren mit unserem Vertrauen.

Nach diesen Bemerkungen müssen wir aber dazu übergehen, die einzelnen Worte der vierten Bitte ein wenig genauer zu betrachten. Wir beginnen mit dem einzigen Hauptwort, das in der Bitte steht. „Gib uns unser täglich *Brot* immerdar!"

Brot! Was bedeutet das? Brot ist das Unentbehrlichste, was es gibt. Auf dem Tisch des Präsidenten wie auf dem Tisch des Gefangenen im Gefängnis liegt Brot. Kuchen und Süßigkeiten können wir entbehren, Brot können wir nicht entbehren. Alles andere würden wir bald leid werden, wenn wir es immer wieder bekämen, Brot werden wir nie leid. Das ist wie ein Wunder.

Weil Brot so unentbehrlich und notwendig ist, darum gebraucht Jesus hier dieses Wort. Er will damit sagen: Was wir nötig brauchen zu unserem Auskommen und Durchkommen, das dürfen wir von Gott erbitten und erwarten.

Manche möchten gern mehr haben. Sie möchten gern reich werden. Da macht Gott nicht mit. „Die da reich werden wollen, fallen in Versuchung und Stricke", so steht es in der Bibel.

In den Sprüchen steht ein merkwürdiges Wort aus dem Munde des frommen Agur. Er sagt (30, 8): „Armut und Reichtum gib mir nicht; laß mich aber mein bescheiden Teil Speise dahinnehmen." Das war ein seltener Mann, dieser Agur. Er war, was so wenige sind, nämlich zufrieden. Er sehnte sich nicht nach großem Besitz, er war mit wenigem zufrieden. Denn er sprach bei sich selbst: „Ich möchte sonst, wo ich zu satt würde, verleugnen und sagen: Wer ist der Herr? Oder wo ich zu arm würde, möchte ich stehlen und mich an dem Namen meines Gottes vergreifen."

Paulus hat auch so gedacht. Darum schrieb er: „Wenn wir Nahrung und Kleider haben, so laßt uns genügen" (1. Tim. 6, 8). „Denn wir haben nichts in die Welt gebracht; darum offenbar ist, wir werden auch nichts hinausbringen."

Das Brot bezeichnet das, was wir nötig haben. Aber dazu gehört mehr als wir in den Mund stecken.

Luther hat den Herrn ganz recht verstanden, wenn er in der Erklärung dieser Bitte sagt, dazu gehöre: „Essen und Trinken, Kleider und Schuh, Haus und Hof, Äcker, Vieh und alle Güter, fromm Gemahl, fromme Kinder, fromm Gesinde, fromme und treue Oberherren, gut Regiment, gut Wetter, Friede, Gesundheit, Zucht, Ehre, gute Freunde, getreue Nachbarn und desgleichen."

In der Tat, das gehört alles mit dazu. Wie wichtig ist ein „fromm Gemahl"! Wie kann eine zanksüchtige Frau ihrem Mann das Haus zur Hölle machen! Wie wichtig sind „getreue Nachbarn" und alles, was er aufzählt!

Auch die guten Betriebsleiter sind so wichtig für unser Leben, ebenso der Friede, die Gesundheit, das gute Regiment und alles weitere. Was wir in unserm Stand und Beruf nötig haben, das gehört zum „Brot".

Für Daniel gehörte es zum Brot, daß Gott es ihm schenkte, daß der oberste Kämmerer ihm gnädig und günstig ward. Wie hätte er sonst seinen Plan ausführen können, sich von des Königs Wein und Speise zu enthalten? Und auch das gehörte für ihn zum „Brot", daß Gott ihm Weisheit und Verstand gab in allen Wissenschaften, in denen er unterwiesen wurde.

So gehört es für ein Schulkind zum „Brot", daß es seine Schularbeiten gut machen kann. Ich hatte einst eine Konfirmandin, ein liebes, gläubiges Mädchen, aber nicht besonders begabt. In der Schule machten ihr die Namen in der Geographiestunde besonders zu schaffen. Sie konnte sich dieselben gar nicht einprägen. Da faltete sie die Hände überm Atlas und bat: „Ach, Herr, hilf mir doch, daß ich die schweren Namen behalte!" Und — der Herr erhörte sie, denn es gehörte für sie zum „Brot".

Sie starb noch vor der Konfirmation. Als sie begraben wurde, stand ihr Klassenlehrer tief betrübt am Grabe und sagte: „Ich habe meine beste Schülerin verloren!"

Wenn du es mit Schwierigkeiten in deinem Beruf zu tun hast, wenn du nicht weißt, wie du den Anforderungen, die an dich gestellt werden, genügen sollst, bete doch! Es gehört ja zum täglichen „Brot" für dich. Und das hat der Herr uns versprochen. Sag es einfältig und kindlich deinem Vater im Himmel. Und wisse, daß geschrieben steht: „Der Vater in der Höhe, der weiß zu allen Sachen Rat."

Ich habe einmal ein ganzes Buch zusammengestellt von lauter Zeugnissen und Berichten, die alle die eine Wahrheit beweisen: Er kann helfen!

Wenn doch die Christen mehr Gebrauch von der Erlaubnis machen möchten, um das „Brot" der nötigen Bedürfnisse zu bitten! Warum hat es so oft Mängel und Niederlagen gegeben, warum soviel Zurückbleiben hinter dem Willen Gottes? Weil man nicht einfältig und kindlich sich an den Vater im Himmel gewandt hatte: Vater, gib mir das Brot, das ich brauche!

Aber — man muß es freilich auch wirklich nötig haben,

man muß es auch wirklich erwarten. Denke dir, da kommt ein Kind zur Mutter gelaufen und bittet: „Mutter, gib mir ein Butterbrot, ich bin so schrecklich hungrig!" Und im selben Augenblick läuft es wieder davon, um sein Spiel fortzusetzen. Da denkt die Mutter: „So schlimm wird es mit dem Hunger wohl nicht sein! Wenn er so schlimm wäre, dann würde das Kind wohl hierbleiben und auf das Brot *warten!"*

So macht es Gott auch. Er gibt uns nur, wenn wir wirklich darauf warten. Das Bitten allein um diese oder jene Sache genügt nicht. Was wir nötig haben, das dürfen wir erwarten, das dürfen wir mit getroster Gewißheit der Gewährung erbitten.

Gott sorgt! Wir wollen ihm vertrauen. Wir dürfen ihn um alles bitten, was wir nötig haben. Das steht in den Worten: „Gib uns unser täglich *Brot* immerdar."

Das nächste Wort, das wir zu betrachten haben, ist das Wort „*Unser"*. Der Beter denkt nicht nur an sich, er denkt an die ganze große Gottesfamilie. Das Wort „Unser" will uns lehren, auch an die Not unserer Umgebung und der Welt zu denken.

Ich weiß von einem Mann, der eine gute Ernte eingebracht hatte und immer am Tisch betete, Gott möchte doch auch den Armen ihr Brot geben. Da sagte eines Tages sein kleiner Sohn zu ihm: „Vater, wenn ich du wäre, täte ich mein Gebet selbst erhören!" Das schlug bei dem Mann ein und er fing an, nicht nur für die anderen zu *beten*, sondern ihnen auch zu *geben*.

Es hat sich noch niemand arm gegeben, der aus barmherziger Liebe heraus sich fremder Not und der Bedürfnisse des Reiches Gottes erbarmt hat. Der Apostel Paulus hat uns ein Wort Jesu hinterlassen, das die Evangelisten nicht aufgezeichnet haben. Es heißt: „Geben ist seliger als nehmen."

Daß Nehmen selig ist, das haben schon manche erfahren, aber daß auch im Geben Seligkeit liegt, das wissen viele noch nicht, weil sie es noch nicht erprobt haben. Aber wer anfängt mit dem Geben für den Herrn, für Arme und Kranke, für die Mission im Lande und draußen in der Welt, der erfährt es bald, daß darauf ein ganz wunderbarer Segen ruht.

Das Wort bleibt wahr, das der Herr durch den Propheten Maleachi (3, 10) geredet hat: „Bringet aber den Zehnten ganz in mein Kornhaus und prüfet mich, spricht der Herr Zebaoth, ob ich euch nicht des Himmels Fenster auftun und Segen herabschütten werde die Fülle."

Als mir dies Wort zuerst nahegebracht wurde, da glaubte ich, es sei ganz unmöglich, es praktisch durchzuführen, denn mein Gehalt war zu der Zeit sehr gering. Aber das Wort stand so klar und so bestimmt da, daß ich mich dann doch entschloß, den Versuch zu machen und den Herrn zu prüfen. Und siehe da, ich machte eine merkwürdige Erfahrung: Wir kamen mit neun Zehntel weiter als früher mit zehn Zehntel. Es kam ein Faktor in unser Haushalten, der sehr spürbar war, das war der Segen Gottes. *Wie* Gott das machte, daß wir jetzt besser auskamen, wo unser Wirtschaftsgeld doch um ein Zehntel geringer war, weiß ich nicht. Aber es war tatsächlich so. Vielleicht reichten die Schuhsohlen länger — oder der Anzug hielt besser — oder man brauchte kein Geld für Sonderausgaben — oder wie es sonst war. Aber das Exempel stimmte: neun Zehntel sind mehr als zehn Zehntel.

Und — so ist es bei uns eine Gewohnheit geworden, nun schon viele Jahre hindurch. Ich habe manchmal von dem Segen des Zehnten erzählt, und mancher hat es daraufhin auch angefangen und dieselbe Erfahrung gemacht, daß Gott die Himmelsfenster auftut und Segen herabschüttet die Fülle.

Du glaubst das nicht, daß das Wahrheit und Wirklichkeit sei? Dann bitte ich dich, versuch's einmal! Gott hat ja dazu aufgefordert, ihn zu prüfen! Versuch's einmal sechs Wochen oder ein Vierteljahr. Das ist ja kein großes Wagnis. Und ich bin gewiß: nach dieser Zeit wirst du sagen: Es hat sich gelohnt, ich bleibe dabei.

Wenn die Leute mir geklagt haben, daß sie mit ihren Einnahmen nicht auskämen, dann habe ich ihnen schon manchmal den seltsam klingenden Rat gegeben, von ihren Einnahmen den Zehnten zu geben. Sie haben dann zuerst gesagt: „Aber dann kommen wir doch noch weniger aus!" Und ich habe geantwortet: „Das kommt auf den Versuch an!" Es ist in der Tat ein Weg, um gesegnet zu werden, wenn man aus Dank für die eigene Errettung und aus Liebe zum Herrn den Zehnten gibt.

In dem kostbaren Büchlein „Daniel Quorm" las ich, wie dieser originelle Schuhmacher einmal über dieses Wort aus

Maleachi und über die Himmelsfenster sprach. Er sagte, sie seien wie eine große Falltür, auf denen der Segen Gottes wie ein Weizenhaufen liege. Dann fragte er: „Wo sitzen die Riegel an den Fenstern des Himmels? Sitzen sie auf der Seite Gottes oder auf unserer Seite?" Und dann tat er so, als ob er nach den Fenstern hinblickte und stellte fest, sie säßen auf unserer Seite und sie hießen: Knickrigkeit, Knauserigkeit, Sparsamkeit, Geiz. Wenn diese Riegel zurückgeschoben würden, dann komme der Segen Gottes in Fülle herunter.

Willst du's nicht versuchen? Solange du noch betest: *Mein* täglich Brot gib mir heute, hast du nicht recht gebetet. Da wird dich Gott nicht erhören. Aber wenn du betest: *Unser* täglich Brot gib uns heute, dann wirst du erfahren, wie der Segen Gottes in dein Wirtschaften und Haushalten kommt.

Nun wenden wir uns der Betrachtung des Wortes „*Täglich*" zu. „Gib uns unser täglich Brot immerdar." Auch das ist ein sehr wichtiges Wort. Wir möchten wohl lieber gleich einen ganzen Schrank voll Brot haben, aber Gott gibt es uns nur täglich. Er gibt nie Gnade auf Vorrat. Und das tut er darum, um uns recht zur Abhängigkeit von ihm zu erziehen. Würde er uns einen Vorrat von Gnade geben, dann hätten wir ihn ja nicht mehr so nötig.

Merken wir uns doch, jede Gnadengabe, wie zum Beispiel Vergebung der Sünden, Frieden mit Gott, Gewißheit des Heils usw. gibt er uns nicht wie eine Sache, die nun in unseren Besitz übergeht, sondern wir haben das alles nur in Verbindung mit Christus. Verlassen wir den Herrn, dann verlieren wir auch seine Gaben. Was wir haben, das haben wir nur in ihm. So kommen wir nie in eine falsche Selbständigkeit hinein, sondern wir bleiben immer abhängig von ihm.

In der Wüste hat einst der Herr dem Volke Israel darüber Anschauungsunterricht gegeben, daß sie täglich ihr Brot erwarten durften. Das Manna fiel in jeder Nacht. Jeder sollte soviel davon einsammeln, wie er für sich und die Seinen brauchte. Da waren einmal ein paar Leute, die waren keine Freunde vom Frühaufstehen; die dachten: wir sammeln heute für morgen mit, dann brauchen wir morgen nicht so früh heraus. Als am anderen Morgen die andern früh aufstanden, um ihr Manna zu holen, da drehten sie sich behaglich noch einmal auf die andere Seite. Aber als sie nachher frühstücken wollten, o weh, da wimmelte ihr Manna von Würmern, und sie mußten ihren Ungehorsam mit einem Fasttag bezahlen.

Nur am Freitag durften sie doppelte Portionen einsammeln für den Sabbat mit. Da wuchsen keine Würmer darin. So wollte Gott sein Volk zu einer täglichen Abhängigkeit von ihm erziehen. Denn in der Abhängigkeit von Gott liegt unser Glück, aber unsere Selbständigkeit und Selbstsicherheit sind unsere Not. Das ahnen die meisten Menschen nicht; aber Gott weiß das, und darum sucht er uns zur Abhängigkeit zu erziehen.

Wie gut, daß wir alle Tage wiederkommen dürfen! Ja, daß wir wissen dürfen: je öfter wir kommen, um so mehr Freude machen wir dem Herrn. Und − um so besser geht es uns. Denn das Geheimnis eines gesegneten Lebens ist: daß wir kommen und aus seiner Fülle Gnade um Gnade nehmen.

Wenn wir Mangel hatten an irgend einem Gut, kam es nicht daher, daß wir vergaßen, aus seiner Fülle zu nehmen? Laßt uns doch lernen, was Jesus in Johannes 15 gesagt hat: „Ohne mich könnt ihr nichts tun.“ Wir sind auf ihn angewiesen. Wir *müssen* kommen und wir *dürfen* kommen. Täglich stehen uns die Schatzkammern Gottes zur Verfügung. Wir brauchen uns keine Schätze sammeln, die den Motten und dem Rost zum Raube fallen oder wonach die Diebe kommen, um sie zu stehlen. Wir dürfen uns jeden Tag erbitten, was wir nötig haben. Und Gott hat und Gott gibt.

Damit sind wir zu dem folgenden Wort gekommen, das wir zu betrachten haben. Das ist das Wort „Gib“. „Gib uns unser täglich Brot immerdar.“ Wenn wir bitten: Gib!, so bekennen wir damit, daß wir es uns nicht selber erarbeiten und schaffen können, daß wir auf ihn als den großen Geber angewiesen sind.

Der Landmann muß das Seine tun, um das Brot zu schaffen. Er muß pflügen und säen und eggen − aber mehr kann er nicht tun. Alles Übrige muß Gott tun. Gott muß zur rechten Zeit Sonnenschein und zur rechten Zeit Regen geben, wenn das Korn gut geraten soll. Hält Gott das eine oder andere zurück, dann hilft dem Bauer all seine Mühe nichts, es gibt eine Mißernte. Da merken wir, wie abhängig wir von Gott sind. Alle möglichen Entdeckungen und Erfindungen macht der Mensch; aber das Wetter hat er nicht in der Hand.

In der Stadt merkt man diese Abhängigkeit von Gott nicht so. Der Beamte bekommt sein Gehalt, ob die Sonne scheint oder ob es regnet. Und auch der Arbeiter in dem Betrieb scheint ganz unabhängig von Gott zu sein. Aber das scheint nur so. Schließlich hängt er auch von Gott ab. Wenn Gott einmal Mißernten kommen läßt, dann spürt der Beamte und der Industriearbeiter das auch — durch den Mangel, der dann entstehen kann, oder durch höhere Preise!

Es läßt sich gar nicht abstreiten und wegleugnen, daß wir von Gott abhängig sind, daß er der große Geber ist. Und das ist er, obwohl er Jahr für Jahr soviel Hadern und Murren, soviel Fluchen und Lästern zu hören bekommt. Was wird doch im Laufe des Jahres über das Wetter geschimpft! Welcher Bauer wäre wohl schon mit dem Wetter zufrieden gewesen? Man hatte doch immer etwas auszusetzen. Und trotzdem läßt Gott seine Sonne scheinen über die Bösen und über die Guten und läßt regnen über Gerechte und Ungerechte.

Wenn aber Gott uns alles gibt, was wir brauchen, dann sollten wir ihm auch von Herzen dafür *danken*. Aber damit ist es schlecht genug bestellt. So wie es schwer ist, den kleinen Kindern das Dankesagen beizubringen, so schwer ist es auch für große Kinder. Wieviele Aufforderungen enthält die Bibel zum Danken! „Wer Dank opfert, der preiset mich, und da ist der Weg, daß ich ihm zeige mein Heil." „Opfere Gott Dank und bezahle dem Höchsten deine Gelübde!" „Vergiß nicht, was er dir Gutes getan hat." „Seid dankbar in allen Dingen, das ist der Wille Gottes in Christus Jesus an euch." „Rufe mich an in der Not, so will ich dich erretten und du sollst mich preisen." „Das ist ein köstlich Ding, dem Herrn danken und lobsingen deinem Namen, du Höchster!"

So werden wir immer wieder zum Danken aufgefordert. Warum wohl? Weil wir so undankbare und vergeßliche Leute sind, weil wir soviel Güte und Gnade von Gott hinnehmen, ohne ihm dafür zu danken, als ob er uns das alles geben müßte.

Wie wenig wird dem Herrn gedankt für die Gesundheit des Leibes, für die gesunden Glieder, daß man hören, sehen und gehen kann.

So gibt es viele Menschen, die sich die Wohltaten Gottes

gefallen lassen, ohne jemals einen Blick des Dankes zu Gott zu erheben. Daß wir es doch besser lernen möchten, unserem Gott zu danken! Und Gott?

Er gibt uns trotz unserer Undankbarkeit das tägliche Brot. Er gibt es uns *heute*. Jeder Tag ist wieder ein neues Heute. Und so wird aus dem immer wiederholten Heute schließlich das *Immerdar*, das wir in Lukas 11, 3 haben.

Daß doch die Betrachtung dieser Bitte uns lehren möchte, unserm Gott völlig zu *vertrauen* – ohne uns Sorgen zu machen, daß wir es besser lernen möchten, ihn um alles zu *bitten*, was wir nötig haben im täglichen Leben, in Haus und Beruf, und daß wir es besser lernen möchten, ihm zu *danken* für all seine Wohltaten, die er nicht müde wird uns zu erweisen. Dann hätten wir einen Segen von der Betrachtung der Bitte: *Gib uns unser täglich Brot immerdar.*

Die fünfte Bitte

In Lukas 11, 4 heißt sie: „Und vergib uns unsre Sünden; denn auch wir vergeben allen, die uns schuldig sind." In Matthäus 6, 12 heißt sie: „Und vergib uns unsre Schuld, wie wir vergeben unsern Schuldigern."

Dabei fällt uns auf, daß in den beiden Stellen, in denen das Gebet des Herrn uns überliefert worden ist, es anders heißt, als wie man es gewöhnlich spricht. Ist das denn ein Unterschied? Allerdings. Nach der Bibel steht ein Kind Gottes auf dem Boden der vergebenen Schuld. Das zeigen uns viele Stellen. Ich nenne nur Römer 4, 7: „Selig sind die, welchen ihre Ungerechtigkeiten vergeben sind und welchen ihre Sünden bedeckt sind." Das weiß ein Christ, daß ihm seine Ungerechtigkeiten vergeben *sind*. Ebenso heißt es Epheser 1, 7 und Kolosser 1, 14: „An Christus haben wir die Erlösung durch sein Blut, die Vergebung der Sünden, nach dem Reichtum seiner Gnade." Noch deutlicher schreibt Paulus in Epheser 4, 32 und Kolosser 3, 13: „Vergebet einer dem andern, gleichwie Gott euch vergeben *hat* in Christus."

So steht ein Kind Gottes auf dem Boden der vergebenen Schuld. Das klingt auch durch unsere Lieder hindurch:

„So wahr Gottes Sonne am Himmel noch pranget,
So wahr hab' ich Sünder Vergebung erlanget."

Christen können danken und preisen, daß ihre Schuld vergeben ist.

Des sind sie so gewiß, daß sie singen und sagen können:

„Bis zum Schwören kann ich's wissen,
daß mein Schuldbrief ist zerrissen!"

Es gibt freilich Leute genug, die sich Christen nennen, die sagen, wenn jemand sich der Vergebung der Sünden rühmt: „Das kann kein Mensch wissen! Wer das sagt, der betrügt sich selbst."

Die Bibel spricht anders. Die Bibel sagt, daß von seiten Gottes alles geschehen ist, um die Erlösung zu vollbringen. „Gott war in Christus und versöhnte die Welt mit ihm selber." Das Opfer zu unsrer Erlösung ist vollbracht. Nun fehlt nur noch dies, daß wir es im Glauben ergreifen, es uns aneignen.

Vielleicht kann ein Gleichnis die Sache noch klarer machen. Einem kleinen Kind wird von einem Onkel ein Sparkassenbuch über 50 Mark in die Wiege gelegt. Hat das Kind das Geld schon? Nein, und doch ist es sein Geld. Es kann, solange es klein und unmündig ist, nichts damit anfangen. Aber wenn es herangewachsen ist, dann kommt die Stunde, wo es das Geld braucht. Es geht mit dem Buch zur Sparkasse und sagt: „Ich bitte um *mein* Geld!" Und es bekommt mit Zinsen und Zinseszinsen sein Guthaben ausbezahlt.

So ist die Erlösung für uns vollbracht; aber wir wissen nichts davon und denken nicht daran. Wir glauben, sie auch zunächst gar nicht nötig zu haben, bis die Zeit kommt, da unsere Sünden uns zum Bewußtsein kommen, bis wir uns nach Vergebung sehnen. Kommen wir dann zu Christus und bitten um die Vergebung unserer Sünden, dann empfangen wir sie.

So einfach ist das! Ja, so einfach ist das. Darum ist es für viele so schwer, eben weil es so leicht ist. Wenn sie irgend ein Opfer bringen müßten, das würden sie tun. Aber nur einfach an die vollbrachte Erlösung zu glauben, das ist ihnen zu leicht. Und doch ist es so. Jesus hat die ganze Schwere des Opfers auf sich genommen, damit wir es so leicht hätten. Jesus hat den Preis seines Blutes für unsere Errettung bezahlt, damit wir unserer Erlösung uns freuen können.

Wer in Buße und Glauben sich an den Herrn wendet, der erfährt es auch, was Paulus an die Epheser und an die Kolosser geschrieben hat: „An Christus haben wir — an Christus *habe ich* die Erlösung durch sein Blut, die Vergebung der Sünden, nach dem Reichtum seiner Gnade."

Ich hörte einmal sagen, es gebe fünf Gebote für sehr fromme Leute. Dieselben hießen: 1. Du sollst nicht trinken. 2. Du sollst nicht tanzen. 3. Du sollst nicht rauchen. 4. Du sollst nicht ins Theater gehen. 5. Du sollst nicht den Schein erwecken, daß du nicht bekehrt bist. Das sieht wie ein Scherz aus; es steckt aber eine sehr ernste Wahrheit darin. Es gibt in der Tat in gläubigen Kreisen viele, die meinen, weil sie dies und das nicht mehr tun, was bei Nichtchristen an der Tagesordnung

ist, darum seien sie wer weiß wie weit in der Heiligung fortge-
schritten. Und dabei kann man in Sünden leben — die man
gar nicht dafür hält.

Der Herr Jesus hat gesagt, daß man uns daran als seine Jünger erkennen sollte, daß wir *Liebe* untereinander haben. *Das*
ist ein Kennzeichen unserer Frömmigkeit, aber nicht dies, daß
wir uns dies und das abgewöhnt haben, was wir früher getan
haben!

Wie steht es um die Liebe? Um die Bruderliebe, um die
Nächstenliebe? Sind wir da nicht viel schuldig geblieben? Wie
oft sehe ich Blinde in den Versammlungen sitzen! Sie machen
immer ein so trauriges Gesicht, wenn sie die Lieder nicht mitsingen können. Wie leicht wäre es doch, daß der, der den Blinden mitgebracht hat, während des Singens ihm Reihe um Reihe das Lied vorsagte. Dann würde er mitsingen können. Warum
tut er das denn nicht? Er denkt nicht daran. Lieben heißt, sich
auf den Standpunkt des anderen stellen. Wer wirklich liebt,
der stellt sich auf den Standpunkt des Blinden, der bemüht
sich, ihm zu helfen und ihm zu dienen, wo er nur kann.

Und wie oft kann man es sehen, daß jemand sich an die
Ecke der Bank oder auf den ersten Stuhl in der Reihe setzt,
weil er da bequemer sitzt und daß er allen, die in die Reihe
hineinwollen, ein böses Gesicht macht, weil sie ihn in seiner
Bequemlichkeit stören! Ist das Liebe?

Und — was schlimmer ist — wenn man schlecht über den
Bruder, über die Schwester spricht, ist das Liebe? Kommt das
nicht sehr oft vor? Ach, wie ist das Reden und Richten über
Geschwister an der Tagesordnung in gläubigen Kreisen! Ist
das Liebe, Bruderliebe?

Wahre Bruderliebe sieht so aus, daß man dem Bruder ins
Gesicht hinein die Wahrheit sagt, um ihm zu helfen und zu
dienen; aber in seiner Abwesenheit tritt man für den Bruder
ein, nimmt man seine Partei. Geht es in christlichen Kreisen
nicht oft umgekehrt zu? Ins Gesicht hinein ist man freundlich
— und hinter dem Rücken redet man über ihn. Wie schändlich
ist das doch, das Gegenteil von wahrer Bruderliebe!

Wenn wir an die Liebe denken, die uns als Anhänger Jesu
erkennbar machen soll, wie sind wir da viel schuldig geblieben! Wieviel Lieblosigkeit herrscht auch unter Gläubigen!

Von der ersten Gemeinde in Jerusalem rühmten die Außenstehenden: „Wie haben sie einander so lieb!"

Denk doch einmal daran, was uns Jesus in Matthäus 25 von dem Weltenrichter sagt! Warum sagt er zu denen zur Linken: Geht hin von mir in das ewige Feuer, das bereitet ist dem Teufel und seinen Engeln? Weil sie etwas *nicht* getan haben! Sie haben seine Geringsten nicht gespeist, getränkt, gekleidet, besucht. Sie haben — es an der Liebe fehlen lassen!

Und ich möchte noch an ein anderes Gebiet erinnern. Wieviel wird kritisiert und gerichtet! Über den Redner, der gesprochen hat, darüber, daß er dies gesagt und jenes nicht gesagt hat. Über die Schwester, daß sie zu jemand etwas geäußert haben soll — was noch gar nicht mal sicher ist. Kritik über Kritik! Was für ein Richtgeist herrscht in gläubigen Kreisen! Was ist das aber eigentlich? Nichts anderes als *Hochmut*!

Das ist doch klar: Wenn ich meine, ich weiß es besser als der Bruder, wenn ich alle und alles kritisiere, dann dünke ich mich doch über alle erhaben! Ich weiß es viel besser als die anderen! Ich weiß es am besten. Was ist das? Hochmut, ganz gewöhnlicher Hochmut. Wer demütig ist, dem vergeht das Richten. Der hat genug mit sich selbst zu tun. Der ist dankbar, wenn Gott ihm gnädig ist. Der richtet und kritisiert nicht.

Und wie steht's mit dem Neid, mit der Mißgunst? Der gönnt dem nichts und die gönnt der nichts. Einer beneidet den anderen. „Ja, wenn ich *die* Wohnung hätte!" „Ja, wenn ich soviel Zeit hätte wie die!" „Ja, wenn ich *die* Einnahmen hätte!" Und so geht's fort. Neid aber ist, wie die Schrift sagt, wie Eiter in den Gebeinen. Was für eine häßliche Untugend für Kinder Gottes!

Achte einmal auf dich selbst, ob du es gut ertragen kannst, wenn man andere in deiner Gegenwart lobt. Man lobt etwa die wohlerzogenen Kinder von Frau A. Und was sagt Frau B. sofort? „O, Sie hätten die Kinder neulich einmal sehen sollen! Da habe ich einen ganz anderen Eindruck bekommen!" Oder man spricht anerkennend von Frau D., daß sie so eine gute Wirtschafterin sei. Das kann Frau E. aber durchaus nicht vertragen. „So? Meinen Sie? Na, ich muß sagen. . .!" Und nun kommt ein abfälliges Urteil. Man gönnt der anderen das Lob und die Anerkennung nicht, man möchte das Lob selber haben!

Und der *Geiz*? Ist der in gläubigen Kreisen nicht mehr vorhanden? Wie manche sind auf diesem Gebiet verwundbar! Und doch ist der Geiz die Wurzel allen Übels!

Schuld über Schuld! Ich kann nicht begreifen, daß es Christen gibt, die meinen, das Vaterunser nicht mehr beten zu können um dieser fünften Bitte willen. Wer das denkt, der hat noch wenig Licht über sich selber! Wer sich im Lichte Gottes sieht, der muß beten und flehen: „Und vergib uns unsere Schuld!"

Und wie steht es um unseren Umgang mit Gott? Um unser Bibellesen und um unser Beten? Liegen da nicht auch Versäumnisse und Verschuldungen vor? Wie wird das Wort Gottes vernachlässigt! Man hat keine Zeit dafür. Und für das Gebet erst recht nicht! Aber für alles andere ist Zeit da. Für die Unterhaltung mit der Nachbarin, für den Roman in der Zeitung, für das Radio, das Fernsehen und alles mögliche. Aber zum Bibellesen und Beten ist keine Zeit.

Es ist kein schönes Bild, das die Gemeinde Gottes bietet. Wenn wir daran denken, dann müssen wir wie Daniel Buße tun und bekennen: „Wir haben gesündigt, unrecht getan, sind gottlos gewesen und abtrünnig geworden; wir sind von deinen Geboten und Rechten gewichen. Wir gehorchten nicht deinen Knechten, den Propheten, die in deinem Namen allem Volk im Lande predigten. Du, Herr, bist gerecht, wir aber müssen uns schämen!" (Dan. 9, 5—8).

Da wollen wir uns beugen und dem Herrn unsere Verfehlungen bekennen. Alles Entschuldigen und Beschönigen hat keinen Wert vor Gott. Wir *haben* gesündigt. Es *hat* an der Liebe gefehlt. Wir waren hochmütig und neidisch und mißgünstig und eitel und empfindlich und herrschsüchtig und ehrgeizig. Wir haben dem Herrn keine Ehre gemacht mit unserem Wesen und mit unserem Wandel. Wir haben viel Ursache, uns zu schämen beim Blick auf uns selbst und auf die ganze Gemeinde des Herrn um uns her: *Vergib uns unsere Schuld!*

Die fünfte Bitte hat aber noch einen Nachsatz, und der ist es, der sie zu einer gefährlichen Bitte macht. Er heißt nach Lukas 11: „Denn auch wir vergeben allen, die uns schuldig sind", oder nach Matthäus 6: „Wie wir unsern Schuldigern vergeben."

Der Beter spricht in diesen Worten aus, Gott möge ihm so vergeben, wie er seinerseits denen vergebe, die ihm etwas schuldig geblieben sind. Wie ernst diese Sache ist, ersehen wir aus dem Gleichnis Jesu vom Schalksknecht in Matthäus 18, 21—35. Da lesen wir: „Da trat Petrus zu ihm und sprach: Herr, wie oft muß ich denn meinem Bruder, der an mir sündigt, vergeben? Ist's genug siebenmal?"

Wir sind sehr geneigt, mit einem mitleidigen Lächeln auf Petrus zu blicken. Wir wissen ja, daß der Heiland geantwortet hat: „Nicht siebenmal, sondern siebzigmal siebenmal." Darum kommt uns Petrus hier sehr töricht vor, wenn er sagt: „Ist's genug, siebenmal?" Aber haben wir wirklich Ursache, uns über Petrus zu erheben? Haben wir es wirklich schon fertig bekommen, einem Bruder siebenmal zu vergeben? Das ist mir sehr fraglich.

Denke dir, du sitzt in einer Versammlung, und es fällt jemand, der in deiner Reihe sitzt, ein, während der Stunde herauszugehen. Dabei tritt er dich auf den Fuß. Du sagts nichts. Du nimmst es ihm nicht übel. Aber nachdem er sich wieder gesetzt hat, fällt es ihm nach etlichen Minuten wieder ein, herauszugehen. Und wieder tritt er dich. Sagst du beim zweiten Male auch nichts? Sagst du da nicht schon: „Aber nehmen Sie sich doch ein wenig in acht!"? Dasselbe geschieht zum dritten Male. Ich fürchte, jetzt wirst Du schon etwas deutlicher. Du sagst: „Was fällt Ihnen denn eigentlich ein? Es ist doch schlimm, wie Sie uns hier belästigen!" Ob du es siebenmal fertig brächtest, ganz ruhig zu bleiben? Ich glaube nicht.

Siebenmal vergeben — das ist etwas ganz Großes! Und — doch reicht es nicht, denn Jesus antwortet dem Petrus: „Ich sage dir: Nicht siebenmal, sondern siebzigmal siebenmal." Das soll nicht heißen: vierhundertneunzigmal, sondern: immer wieder, in jedem Fall.

Um das anschaulich zu machen, erzählt der Herr nun eine Geschichte: „Darum ist das Himmelreich gleich einem Könige, der mit seinen Knechten rechnen wollte. Und als er anfing zu rechnen, kam ihm einer vor, der war ihm zehntausend Pfund schuldig."

Das ist eine große Summe. Nach unserem Gelde etwa vierzig Millionen Mark. Der Mann hat das Schuldenmachen aber verstanden! Wie muß der über seine Verhältnisse gelebt haben, daß sich eine so ungeheure Schuld ergeben konnte?

„Da er's nun nicht hatte zu bezahlen, hieß der Herr verkaufen ihn und sein Weib und seine Kinder und alles, was er hatte, und bezahlen" — um sich doch wenigstens in etwa schadlos zu halten. „Da fiel der Knecht nieder und betete ihn an und sprach: Herr, habe Geduld mit mir; ich will dir's alles bezahlen!"

War das sehr aussichtsreich? Sicher nicht. So eine Schuld bezahlen, wie er sie gemacht hatte, war ja doch ausgeschlossen. Selbst wenn er sein Leben änderte und nun anfing, ein solides Leben zu führen, keine neuen leichtsinnigen Schulden zu machen, wie sollte es möglich sein, eine solche Riesensumme zu bezahlen?

„Da jammerte den Herrn des Knechts und er ließ ihn los und die Schuld erließ er ihm auch."

Das war ein königliches Geschenk! Vierzig Millionen geschenkt! *Der* Mann wird aber dankbar gewesen sein bis an sein Ende. Nicht wahr, das sollte man denken? Es ging aber ganz anders.

„Da ging derselbe Knecht hinaus und fand einen seiner Mitknechte, der war ihm hundert Groschen schuldig."

Das war keine große Sache. Hundert Groschen sind nach heutigem Geld etwa fünfundsiebzig Mark. Im Vergleich zu der Riesensumme von vierzig Millionen spielen die fünfundsiebzig Mark gar keine Rolle. Gewiß wird der glückliche Mann, dem die Riesenschuld erlassen war, seinem Schuldner um den Hals gefallen sein und ihm gesagt haben: „Freund, mir ist ein großes Glück zuteil geworden! Mir ist meine ganze, große Schuld erlassen worden, nun will ich dir deine kleine auch erlassen!" Ging es so? Nein, so ging es nicht. Wie ging es denn?

„Und er griff ihn an und würgte ihn und sprach: Bezahle mir, was du mir schuldig bist!"

Wie furchtbar, wie häßlich! Eben hat er diese wunderbare Erfahrung gemacht, und nun zieht er seinen Schuldner in dieser Weise zur Verantwortung? Wie abscheulich ist das doch!

„Da fiel sein Mitknecht nieder und bat ihn und sprach: Hab' Geduld mit mir; ich will dir's alles bezahlen!"

War das aussichtsreich? Gewiß. Fünfundsiebzig Mark kann

man wohl aufbringen. Wenn er sich ein paar Wochen oder längstens ein paar Monate eingeschränkt hatte, dann wäre diese Schuld bezahlt.

„Er wollte aber nicht, sondern ging hin und warf ihn ins Gefängnis, bis daß er bezahlte, was er schuldig war."

Was für eine Handlungsweise! Wie entrüstet sie uns! Seine Mitknechte waren auch entrüstet über sein Vorgehen.

„Da aber seine Mitknechte solches sahen, wurden sie sehr betrübt und kamen und brachten vor ihren Herrn alles, was sich begeben hatte."

Ganz recht! Das muß der Herr auch wissen. Wie wird er sich nun dazu stellen? Wird er weiter seine königliche Huld und Liebe walten lassen wie zuerst? Wie wird er jetzt den Mann behandeln?

„Da forderte ihn sein Herr vor sich und sprach zu ihm: Du Schalksknecht, all diese Schuld habe ich dir erlassen, dieweil du mich batest; solltest du denn dich nicht auch erbarmen über deinen Mitknecht, wie ich mich über dich erbarmt habe?"

Ja, das wäre das Rechte und auch das Natürliche gewesen. Daß er nach einem solchen Geschenk seinen Schuldner um der kleinen Schuld willen so behandeln konnte, das war doch ganz unerhört!

„Und sein Herr ward zornig und überantwortete ihn den Peinigern, bis daß er bezahlte alles, was er ihm schuldig war." Das heißt mit andern Worten: Lebenslänglich im Schuldturm! Denn wie wird es möglich sein, eine solche Schuld zu bezahlen? Auch wenn das ganze Hab und Gut des Mannes unter den Hammer kommt, — ob aus dem Verkauf vierzig Millionen gelöst werden?

Und nun schließt Jesus die Geschichte und sagt: „Also wird euch mein himmlischer Vater auch tun, so ihr nicht vergebt von eurem Herzen, ein jeglicher seinem Bruder seine Fehler."

Damit sagt er: daß uns diese Geschichte sehr nahe angeht, daß wir die Anwendung aus derselben für unser Leben und Verhalten zu ziehen haben.

Der Mann, dem die Riesenschuld erlassen ist, das sind *wir*. Diese Riesenschuld, das sind unsere Sünden. Was haben wir doch zusammengesündigt. Sünden in Gedanken, in Worten, in Werken! Sünden gegen Gott, gegen Menschen! Sünden mit Begehungen und mit Unterlassungen! Eine Millionenschuld!

Und — diese Riesenschuld hat uns Gott geschenkt. Unser Heiland hat unsere ganze Schuld auf sich genommen. Er hat mit seinem Blute die Erlösung für uns bezahlt. Und uns wird die große Schuld erlassen, die Sündenschuld vergeben. Ein königliches Geschenk! Wie sollten wir dafür nicht dankbar sein unser Leben lang!

Aber — ja, die Geschichte hat ein Aber! Haben wir nicht manchmal einem Bruder etwas übel genommen? Vielleicht hat er einmal schlecht über uns gesprochen oder er hat ins Gesicht hinein unfreundlich mit uns geredet, er hat uns gekränkt, er hat uns beleidigt — und wir haben ihm das nicht vergeben können, wir haben ihm das nachgetragen. War es nicht so?

Lieber Leser, der du dies liest, ich fürchte, du bist ein Schalksknecht. Ob nicht alle, die diese Zeilen lesen, sich an die Brust schlagen und schuldig bekennen müssen: Ich bin's?

Wieviel Unverträglichkeit und Unversöhnlichkeit auch unter Kindern Gottes, oft um geringer Ursachen willen! Da hat man jemand nicht gegrüßt, weil man in Gedanken war und ihn nicht gesehen hat — das kann der andere nicht vergessen. Was sind es oft für Nichtigkeiten! Keine fünfundsiebzig Mark, nein, keine fünfundsiebzig Pfennige! Vielleicht nur sieben Pfennig! Und darüber entspinnt sich ein Zwist. Eine bittere Wurzel wächst auf. Die frühere Freundschaft hat ein Ende. Man geht sich aus dem Wege. Man grüßt sich nicht mehr auf der Straße.

Haben wir's nicht schon so gemacht? Wer müßte sich nicht schuldig bekennen?

Nun, dann achte auf eins, was die Sache so überaus ernst macht! Zunächst stellt der Herr seinen Schuldner auf den Boden der *Gnade*. Daß er ihm die Schuld vergibt, das ist Gnade. Was tut aber der Mann seinem Mitknecht gegenüber? Er stellt sich auf den Boden des *Rechts*. Gewiß, der Mann war ihm etwas schuldig. Gewiß, er müßte ihm die Schuld nach Recht und Gesetz bezahlen. Gewiß, der Gläubiger konnte ihn nach Recht und Gesetz verurteilen lassen. Das alles war *Recht*.

Aber was geschieht nun? Als der Herr gehört hat, daß sein

Knecht, dem er die Schuld geschenkt, dem er seine *Gnade* erzeigt hat, sich dem andern gegenüber auf den Boden des *Rechts* gestellt hat, da – entzieht er ihm die Entlastung, da nimmt er die schon ausgesprochene Gnade zurück.

Merke: *Man verliert den Gnadenboden Gottes, wenn man sich Menschen gegenüber auf den Rechtsboden stellt.*

Wie wollen wir durchkommen, wenn Gott uns seine Gnade entzieht? Wir sind verlorene Leute! Wir stehen ja nicht nur, wie wir gesehen haben, auf dem Boden der vergebenen Schuld, sondern wir haben doch immer wieder zu beten: Vergib uns unsere Schuld! Wir sind doch auf die Gnade angewiesen! Wir können doch nicht leben ohne die Gnade! Wenn Gott uns seine Gnade entzieht, was soll denn da aus uns werden? Dann bleibt doch nur eins übrig: ewige Verdammnis!

Merkst du nun, wie überaus ernst die Sache ist? Wenn du nicht bereit bist, von Herzen deinem Bruder zu vergeben, was er dir angetan hat, dann – entzieht dir Gott seine Gnade, dann nimmt er die schon ausgesprochene Vergebung der Sünden zurück.

Überleg dir doch ja: bist du mit irgend jemand verfeindet? Ist da irgend eine Zwistigkeit zwischen dir und jemand anders? Dann bitte ich dich, bring die Sache in Ordnung! Vielleicht sagst du: „Ja, ich habe aber nicht angefangen!" Mag sein. Vielleicht meint der andere, *du* habest angefangen. Das ist nicht so wichtig, wer angefangen hat. Wichtig ist, daß die Sache in Ordnung gebracht wird, daß du dich mit deinem Bruder versöhnst. Und wenn *er* nicht den ersten Schritt tut, dann mußt *du* ihn tun. Und wenn es der unterste Weg ist, geh ihn. „Ist es möglich, soviel an euch ist, so habt mit allen Menschen Frieden!" *Du* darfst nichts nachtragen. *Du* darfst keine bittere Wurzel in deinem Herzen dulden.

Und du darfst dich auch nicht mit der Redensart begnügen: „Vergeben will ich ihm das wohl, aber vergessen kann ich ihm das nicht!" Du mußt ihm so vergeben, daß keinerlei bittere Wurzel mehr in deinem Herzen ist, daß du ihm auf der Straße so begegnen und ihn so begrüßen kannst, als sei nie etwas zwischen euch gewesen.

Vergiß nicht: Du bittest Gott, er möge dir *so* vergeben, wie *du* vergibst! Vergibst du nicht ganz und gar, dann – tut Gott es auch nicht! Ich weiß von einem Mann, der mit seinem Neffen in einen Streit geriet. Von seinen Freunden überredet, sagte er endlich: „Nun, meinetwegen, dann will ich ihm vergeben. Aber ich will ihn nicht mehr sehen!" Dabei blieb er.

Nach längerer Zeit wurde er sterbenskrank. Einem Freund, der ihn besuchte, sprach er von seiner Hoffnung und Freude, nun bald den Herrn zu sehen. Der Freund schwieg darauf so auffällig, daß es dem Kranken zum Bewußtsein kam. „Meinst du etwa nicht?" „Nein", sagte der, „den Herrn sehen wirst du nicht! Du hast ja deinen Neffen auch nicht wiedersehen wollen seit damals! Und du hast alle Tage gebetet, Gott möge dir so vergeben, wie du vergibst! Darum wirst du den Herrn nicht sehen!"

Das schlug ein. Als der Freund den Kranken wieder besuchte, da – fand er den Neffen am Bett des Onkels. Es war eine volle Versöhnung zustande gekommen.

Mein Freund, hast du noch irgendeine Sache, die du in Ordnung bringen mußt? Schieb' es nicht auf! Daß dich der Tod nicht übereilt, ehe du die Sache in Ordnung gebracht hast. Vergiß es nicht mehr: Wer sich auf den Rechtsboden stellt, verliert selber den Gnadenboden!

Eine gefährliche Bitte! Wer sie betet mit einem unversöhnlichen und unverträglichen Herzen, der betet sich in die Verdammnis hinein mit seinem gedankenlosen Vaterunser!

Gott möge uns Gnade geben, daß wir die Bitte alle im Geist und in der Wahrheit und mit einem guten Gewissen beten lernen: *Vergib uns unsre Schuld, wie auch wir vergeben unseren Schuldigern.*

Die sechste Bitte

Die Bitte „Führe uns nicht in Versuchung, sondern erlöse uns von dem Bösen" wird von vielen in zwei Bitten zerlegt, so daß wir eine sechste und siebente Bitte hätten. Mir scheint aber, daß der ganze Aufbau des Gebets dafür spricht, die sechste und siebente Bitte zu einer zusammenzufassen. In drei Stücken besteht das himmlische Leben, das wir in den ersten drei Bitten auf die Erde herabbeten, in drei Stücken besteht auch die irdische Not, die wir in den drei letzten Bitten von der Erde zum Himmel hinauftragen. So ist das Gebet des Herrn auch äußerlich ganz wunderbar aufgebaut.

Nun, ob es sechs oder sieben Bitten sind, wir wollen jedes Wort nachdenkend betrachten und sehen, was es uns zu sagen hat.

„Und führe uns nicht in Versuchung." Mit diesen Gebetsworten wollen wir uns zuerst beschäftigen.

Wenn wir in die Schrift hineinsehen, dann finden wir, daß es zwei verschiedene Arten von Versuchungen gibt, solche, die von Gott, und solche, die vom Teufel ausgehen.

In 1. Mose 22, 1 lesen wir: „Nach diesen Geschichten versuchte Gott Abraham und sprach zu ihm: Abraham! Und er antwortete: Hier bin ich." Denselben Ausdruck finden wir in Hebräer 11, 17: „Durch den Glauben opferte Abraham den Isaak, als er versucht ward, und gab dahin den einzigen Sohn, obwohl er schon die Verheißungen empfangen hatte."

Was bezweckte Gott mit dieser Versuchung? Er sah, daß er nicht mehr den Platz in Abrahams Herzen einnahm, den er früher innegehabt hatte. Isaak hatte ihn je länger je mehr in den Hintergrund geschoben. Damit konnte sich Gott nicht zufrieden geben. Das mußte er Abraham zum Bewußtsein bringen. Darum stellte er Abraham vor die Entscheidung: Isaak oder ich. Wem soll das Herz gehören? Und Abraham entschied sich recht und sagte: Es soll Gott gehören!

Der Zweck der Versuchung war also der, die Liebe zu Gott, die in Abrahams Herzen durch die Liebe zu Isaak überwuchert und erstickt zu werden drohte, wieder ans Licht zu bringen, sie zum Siege über alle Menschenliebe zu führen.

Wenn ich einmal kurz so ausdrücken darf: Gott wollte das Gute in Abrahams Herzen ans Licht bringen, daß es über das Böse triumphiere.

Wenn der Teufel versucht, will er das Gegenteil, er will das Böse im Herzen hervorholen und stärken, daß es über das Gute triumphiere.

In Jakobus 1, 2 lesen wir von Anfechtungen oder Versuchungen, die von Gott ausgehen. Das Wort heißt: „Meine lieben Brüder, achtet es für lauter Freude, wenn ihr in mancherlei Anfechtung fallet." Wie ist das möglich, Anfechtungen und Versuchungen für Freude zu halten? Nur dann, wenn man weiß: Gott schickt sie, um meinen Glauben zu erproben. Gott schickt sie, um mir Gelegenheit zu geben, ihn zu verherrlichen. So nur kann man sich über „bunte Versuchungen", wie es wörtlich heißt, freuen, wenn man weiß: Gott stellt mich auf die Probe, damit ich es vor Gott und meiner Umgebung dartun kann: Ich habe Gott über alles lieb.

Am Schluß von Römer 8 zählt Paulus all die Nöte und Anfechtungen auf, die ihn von der Liebe Gottes zu scheiden versucht haben, und dann sagt er: „Aber in dem allen überwinden wir weit durch den, der uns geliebt hat." Und in 2. Korinther 12 sagt er: „Ich bin guten Mutes in Schwachheit, in Mißhandlungen, in Nöten, in Verfolgungen, in Ängsten um Christi willen, denn wenn ich schwach bin, so bin ich stark."

Das ist diese Freude, von der Jakobus am Anfang seines Briefes schreibt, die sich der Anfechtungen freut, weil es Gelegenheiten sind, den Herrn zu verherrlichen.

Ganz anders sind die Versuchungen, die vom Bösen ausgehen. Davon schreibt Jakobus 1, 13—15 nach der Übersetzung von Menge: „Niemand sage, wenn er (vom Bösen) versucht wird: Von Gott werde ich versucht; denn Gott kann vom Bösen nicht versucht werden, versucht aber auch selbst niemanden. Vielmehr wird ein jeder versucht, indem er von seiner eigenen Lust gereizt und gelockt wird; wenn dann die Lust befruchtet ist, gebiert sie die Sünde; die Sünde aber gebiert, wenn sie zu voller Entwicklung gekommen ist, den Tod."

Von solchen Versuchungen sagt Jakobus nicht, daß wir uns darüber freuen sollen. Für solche Fälle gilt die sechste Bitte: „Und führe uns nicht in Versuchung." Während Gott versucht, um das Gute zum Siege gelangen zu lassen, versucht der Teufel, um das Böse zur Herrschaft zu bringen.

Wie der Teufel das macht, sehen wir an der Geschichte von der Versuchung Jesu in der Wüste. Unter allen Umständen will er den Herrn Jesus zum Sündigen verleiten. Er denkt, das werde ihm ebenso leicht gelingen, wie es ihm damals im Paradiese gelang, als er den ersten Adam versuchte. Ja, diesmal muß es noch leichter sein als damals. Denn Adam war im Paradies von Überfluß umgeben. Er konnte den einen verbotenen Baum gut in Ruhe lassen, hatte er doch Bäume genug, von denen er essen konnte. Hier in der Wüste aber herrschte Mangel.

Nach vierzigtägigem Fasten hungerte den Herrn. Da dachte der Feind, leichtes Spiel zu haben: „Bist du Gottes Sohn, so sprich, daß diese Stein Brot werden!" Hätte der Herr das gekonnt? Ohne Frage. Wenn er Wasser in Wein verwandeln konnte, konnte er auch Steine in Brot verwandeln. Aber nie und nimmer hat der Herr seine Wunderkraft in seinen eigenen Dienst gestellt. Nie hat er sich selbst gelebt und sich selbst geliebt. Darum lehnt er den Antrag des Feindes ab.

Da versucht es der Teufel zum zweiten Mal. Er stellt den Herrn auf die Zinne des Tempels und fordert ihn auf, sich herabzulassen, damit alle Leute sich selbst davon überzeugen, daß er vom Himmel herabgekommen ist. Dabei tritt er in ganz besonders schlauer Weise auf: er gebraucht ein Bibelwort bei dieser Versuchung. „Es steht geschrieben: Er wird seinen Engeln über dir Befehl tun, und sie werden dich auf den Händen tragen, auf daß du deinen Fuß nicht an einen Stein stößest." Dann ist die Versuchung besonders gefährlich, wenn der Teufel mit Bibelsprüchen kommt.

Aber — er fälscht das Wort Gottes. Entweder er reißt es aus dem Zusammenhang oder er läßt etwas weg. So macht er es auch hier. Er läßt die Worte „auf deinen Wegen" weg. Wenn wir Wege der Pflicht und des Berufes gehen, dann dürfen wir auf den Engelschutz rechnen, aber nie und nimmer, wenn wir Wege eigener Wahl gehen und dabei Gott versuchen.

Darum weist der Herr die Versuchung mit dem Schriftwort ab: „Du sollst Gott, deinen Herrn, nicht versuchen."

Und zum dritten Male müht sich der Feind, den Heiland zu Fall zu bringen. Er zeigt ihm alle Reiche der Welt und sagt ihm: Das alles will ich dir geben! Du willst ja so gern die Königsherrschaft über die Welt haben. Du sollst sie bekommen! Es ist nur eine kleine Bedingung dabei: „So du niederfällst und mich anbetest." Und zum dritten Mal weist Jesus ihn ab: „Hebe dich weg von mir, Satan!"

Der Teufel muß weichen; aber er weicht nur „eine Zeitlang", wie wir in Lukas 4, 13 lesen. Dann kommt er wieder. Bald benutzt er die Pharisäer, daß sie dem Herrn Fallen stellen möchten, bald die Sadduzäer, bald sogar die eigenen Jünger des Herrn.

Als der Heiland mit seinen Jüngern davon gesprochen hat, daß er leiden und sterben müsse, da fährt ihn Petrus an: „Herr, das widerfahre dir nur nicht, schone dein selbst!" Da erkennt Jesus, daß hinter seinem geliebten Jünger der Teufel steht, der ihn von seinem Wege zur Erlösung der Welt abbringen will. Darum gebietet der Herr ihm: „Hebe dich weg von mir, Satan, denn du meinst nicht, was göttlich, sondern was menschlich ist!"

So sehen wir deutlich, was der Teufel mit seinen Versuchungen bezweckt: er möchte uns in die Sünde stürzen, uns zu Fall bringen, uns um die ewige Herrlichkeit betrügen.

Die Versuchung im Paradies hätte nicht diesen traurigen Ausgang genommen, wenn nicht im Herzen der Eva eine Stimme gesagt hätte: Klug sein! Sein wie Gott! Das wäre doch etwas Herrliches! Das möchte ich wohl! Sie stimmte dem Versucher zu — und kam zu Fall.

Das ist das Schlimme, daß in uns so viele Anknüpfungspunkte sind, bei denen der Feind ansetzen kann. In uns liegen die Keime zu allem Bösen. Weißt du das schon? Bedenkst du das immer?

Mich hat der Herr es gelehrt, daß ich zu allem Bösen fähig bin, wenn seine Hand mich nicht hält, wenn seine Gnade mich nicht bewahrt. Weißt du das auch? Manche wissen das nicht

— oder sie vergessen es wieder, wenn sie es einmal gewußt haben. Anders ist es ja gar nicht zu erklären, daß auch alte und gereifte Kinder Gottes, ja auch gesegnete Knechte Gottes so traurig zu Fall kommen. Sie vergessen, daß in uns nichts Gutes ist, daß wir zu allem Bösen fähig sind.

Aus allem kann der Teufel eine Sünde machen, wenn wir nicht wachsam sind. Da ist das Gebiet des Essens und Trinkens. Wir müssen essen und trinken, wenn wir am Leben und bei Kräften bleiben wollen. Wir können nun nach dem Worte des Apostels Paulus: „Ihr esset und trinket oder was ihr tut, so tut es alles zu Gottes Ehre" zu Gottes Ehre essen und trinken — wir können dies Gebiet auch dem Teufel preisgeben. Wieviele sind Sklaven ihres Gaumens, wie der alte Isaak, der aus Liebe zu dem Wildbraten, den sein Sohn Esau zu bereiten verstand, dem Worte Gottes zuwider den Esau zum Träger der Verheißung machen wollte. Wieviel Zank und Zwist entsteht in den Häusern um des Essens willen, weil es dem Mann nicht gut genug ist, nicht so, wie er es gern hat, wie es von Issak heißt. Und was hat der Feind aus dem Trinken gemacht! Wieviele werden zu Alkoholikern, die nicht Maß halten können, die elende Sklaven ihrer Leidenschaft werden.

Und wie er das Gebiet des Essens und Trinkens in seine Gewalt zu bekommen sucht, so macht er es auch mit dem Gebiet der Liebe von Mann und Frau zueinander. Welch Hohes und Heiliges hat der Herr uns damit gegeben, daß die Zweiheit der Geschlechter zu einer Einheit werden soll. Und wie hat der Teufel sich dieses Gebietes bemächtigt und es in den Schmutz gezogen!

Gottgegebene, heilige Gefühle und Empfindungen sucht der Teufel zu entstellen und zu verzerren. Was für eine heilige Sache ist es um die Mutterliebe! Und wie weiß der Feind aus der heiligen Mutterliebe eine sündliche Affenliebe zu machen, die aus dem Kind einen Abgott macht!

Wir brauchen das Geld, um damit unseren Lebensunterhalt zu erwerben. Aber — wie leicht wird das Geld zum Tyrannen des Menschen. Man kann nicht genug verdienen und muß immer mehr haben, was zum modernen Wohlstand gehört.

Dieser Macht des Habenwollens, dieser Gefahr des eigenen

Ich gegenüber, dieser Versuchung des Teufels gegenüber gilt es zu beten: „*Und führe uns nicht in Versuchung!*"

Wenn der Herr uns die Bitte in den Mund legt: „Führe uns nicht in Versuchung", so tut er das darum, weil der Teufel ein so mächtiger Feind ist, dem wir nicht gewachsen sind, namentlich nicht mit guten Vorsätzen. Wieviele haben schon Vorsätze gefaßt und sind damit elend zuschanden geworden! Wer hätte das noch nicht erfahren, daß das Sprichwort wahr ist: Der Weg zur Hölle ist mit guten Vorsätzen gepflastert!

Der Heftige mag sich noch so oft und noch so heilig vornehmen, nicht wieder heftig zu werden, die Empfindliche mag es sich fest vornehmen, nicht mehr empfindlich zu sein – kommt eine Versuchung, gibt es doch wieder eine Niederlage!

Luther hat recht, wenn er singt: „Groß Macht und viel List sein' grausam' Rüstung ist, auf Erd'n ist nicht sein'sgleichen."

Wir brauchen nur ein wenig die Bibel zu durchblättern, dann begegnen wir immer wieder den Spuren des Teufels. Bald kommt er als ein brüllender Löwe, bald wie eine schleichende Schlange, bald redet er den Leuten ein, es gebe überhaupt keinen Teufel, damit er dann um so sicherer und ungestörter seine Ziele erreichen kann.

Kaum waren die Menschen geschaffen und ins Paradies hineingestellt, wo sie in Harmonie mit Gott ein gutes Leben führten, da trat der Teufel auf den Plan. Es ist ja seine Absicht immer gewesen, die Werke Gottes zu zerstören. Und es gelingt ihm nur zu leicht, Eva zur Sünde zu verführen und Adam mit ihr. Und – das Paradies wird verschlossen, der Fluch wird ausgesprochen über die Welt. Und mit der Last ihrer Schuld beladen müssen Adam und Eva den Kampf ums Dasein beginnen. Das hat der Feind getan.

Der erste Menschensohn auf Erden, den Eva für den verheißenen Erretter und Schlangentöter hält, wird – der erste Mörder, der seinen eigenen Bruder erschlägt. Das hat der Feind getan.

Daß das Menschengeschlecht sich so ganz lossagt von Gott, daß es sich nicht mehr strafen lassen will von seinem Geist, das ist der Arbeit des Feindes zuzuschreiben.

Aber dann – nach der großen Flut –, da fängt ein Neues auf Erden an. Da führt Noah ein göttliches Leben zu seiner

Zeit. Nun wird eine neue Menschheit entstehen, die ein Gott gefälliges Leben führt. So hofft man. Und da macht sich der Feind an Noah heran, er pflanzt Weinberge und keltert Wein – und der Mann, der mit Gott wandelte, liegt besinnungslos betrunken in seinem Zelt: Noah, der erste Betrunkene in der Bibel. Der Feind frohlockt, daß ihm dieses gelungen ist.

Was für ein Held des Glaubens ist Abraham! Er zieht im Gehorsam aus der Heimat aus, um dem Ruf Gottes zu folgen. Gott verheißt ihm eine Nachkommenschaft gegen alle menschliche Möglichkeit – und Abraham glaubt es, und das wird ihm zur Gerechtigkeit gerechnet. Und derselbe Abraham zieht nach Ägypten und erklärt dort, Sara sei seine Schwester. Er lügt, um sein Leben zu retten. Er lügt, obwohl er damit sein Weib einem ägyptischen Harem preisgibt, in dem Sara untergegangen wäre, wenn Gott sie nicht bewahrt hätte! Wie ist das zu verstehen? Ich habe nur eine Erklärung: Das hat der Feind getan.

David war ein Mann nach dem Herzen Gottes. Herrliche Psalmen hat er zur Ehre Gottes gesungen. Und dieser Fromme wird – ein Ehebrecher und ein Mörder. Wie war das möglich? Das hat der Feind getan!

Und Salomo – was für einen schönen Anfang hat er gemacht! Er bittet Gott um ein weises und gehorsames Herz. Und dann – nimmt er dem Willen Gottes zuwider ausländische heidnische Frauen und wird – ein Götzendiener. So traurig endet sein Leben, das so hoffnungsvoll begann.

So können wir das ganze Alte Testament durchwandern, immer und überall begegnen wir den Spuren Satans. Und im Neuen Testament? Wer hat den Judas bewogen, ein Dieb und ein Verräter zu werden? Wer hat den Petrus dahin gebracht, seinen geliebten Herrn zu verleugnen? Wer hat die Pharisäer und Schriftgelehrten, wer hat den Hohepriester und den Landpfleger veranlaßt, Jesus ans Kreuz zu schlagen? Die Antwort ist immer dieselbe: Das hat der Feind getan.

Warum stirbt Stephanus unter den Steinwürfen der Henker? Warum fällt Jakobus durch das Schwert des Herodes? Warum wütet Saulus gegen die Gemeinde des Herrn? Warum belügen Ananias und Saphira die Gemeinde? Die Antwort ist: Das hat der Feind getan.

Und wenn wir die Geschichte der Christenverfolgung lesen im alten Rom — was haben denn die Christen getan, daß die römischen Kaiser sie auszurotten suchten? Sie waren friedliche und gehorsame Untertanen, nur in einem Stück waren sie der Obrigkeit nicht zu willen: sie beteten die Standbilder der Kaiser nicht an. Und deswegen wurden sie den wilden Tieren vorgeworfen? Ja, deswegen.

Was haben die Waldenser, die Salzburger, die Hugenotten getan, daß man mit Feuer und Schwert, Mord und Totschlag, Einkerkerung und Verbannung gegen sie vorging? Waren die Hugenotten nicht friedliche und fleißige Handwerker, waren die Salzburger nicht treue und arbeitsame Bauern? Und doch wurden die Hugenotten niedergemetzelt in der schrecklichen Bluthochzeit! Und doch wurden die Salzburger im kalten Winter von Haus und Hof vertrieben! Wie ist das zu erklären? Oder was haben die letzten evangelischen Pfarrer der Rußlanddeutschen getan, daß man sie einkerkerte, folterte, und nur zwei von allen überlebten?

So geht die Wirksamkeit des Teufels durch die ganze Kirchengeschichte wie eine schwarze Linie des Verderbens.

Sind wir seinen Spuren in unserem eigenen, persönlichen Leben noch nicht begegnet? Haben wir die große Macht und die viele List dieses Feindes noch nicht kennengelernt?

Es sind ein paar Jahre her, daß ich gebeten wurde, ein Buch über Zaubereisünden und ihre Folgen zu schreiben. Ich hatte in der Seelsorge immer wieder erfahren, wie viele Menschen unter einem Bann des Teufels stehen um der Zaubereisünden willen, und wie schwer sie darunter leiden. Da konnte ich endlich nicht anders, als dieses Buch zu schreiben. Aber, wie habe ich seitdem gespürt, daß es einen Teufel gibt. Gottes Gnade hat uns bewahrt. Immer wieder versuchte es der Feind, uns Schaden zu tun. In einer Nacht sah jemand, daß in der Druckerei „Harfe" die Flammen aufloderten. Er weckte den Hausmeister, er rief den Direktor, so daß der Brand noch rechtzeitig gelöscht werden konnte, ehe er größeren Umfang annahm. Und was lag auf dem brennenden Tisch? Eine neue Auflage des Buches „Im Banne des Teufels"!

Der Teufel ist der Fürst dieser Welt, in der wir leben. Wir befinden uns also im Machtbereich des Feindes. Das müssen wir uns klarmachen. Es wäre Torheit, ihn unterschätzen zu wollen. Er ist ein Fürst und ein Gewaltiger.

Und doch, wenn wir an ihm einen mächtigen Feind haben, wir haben an Christus einen allmächtigen Freund. Auf Golgatha hat der Heiland der Schlange den Kopf zertreten. Da hat er dem Teufel seine Macht genommen.

Und nun heißt es in Hebräer 2, 18: „Worin er selber gelitten hat und versucht ist, kann er denen helfen, die versucht werden." Das ist eine frohe Botschaft für alle, die versucht werden: *Er kann helfen!*

Was kann uns helfen, wenn wir versucht werden? Kein Vorsatz, kein Zusammennehmen, keine menschliche Kunst und Kraft; aber er kann helfen!

Es kommt darauf an, in allen Versuchungen mit dem Herrn und seiner Gnade, mit seinem Blut und seinem Kreuz zu rechnen. *Wir* sind den Versuchungen des Teufels nicht gewachsen; aber Jesus ist ihnen gewachsen.

Führe uns nicht in Versuchung! Das heißt: Laß mich nicht in Versuchungen geraten, denen ich nicht gewachsen bin! Steh du mir zur Seite, hilf du mir durch, wenn der Feind mit seinen Versuchungen kommt.

Ein Wort, das mir für mein Leben von besonderer Wichtigkeit geworden ist, steht in Hebräer 12, 2, wo es wörtlich heißt: „Lasset uns wegsehen auf Jesus, den Anfänger und Vollender des Glaubens!" Der Blick auf den Herrn setzt uns in Verbindung mit der göttlichen Kraftzentrale. Der Blick auf den Herrn stellt uns in die Gegenwart Gottes. Solange wir auf den Herrn blicken, fließt seine Kraft und sein Leben uns zu, und wir können, was uns sonst unmöglich gewesen wäre.

Solange Petrus auf den Herrn blickte, konnte er über das Meer gehen. Als er aber von ihm wegblickte, fing er an zu sinken. So hat auch für uns der Blick auf den Herrn eine wunderbare, lebendige Kraft. Wenn wir auf ihn schauen, weg von allem anderen, werden wir bewahrt.

Sieh nicht auf den Teufel — der Blick auf ihn macht dich nur ängstlich und furchtsam. Sieh vielmehr auf den Heiland, der ihm seine Macht genommen hat; dann bekommst du Mut und Vertrauen. Sieh nicht auf dich selbst, deine vermeintliche Kraft oder deine Schwachheit; wenn du das tust, verrechnest du dich immer. Aber blickst du auf den Herrn, dann offenbart er in deiner Schwachheit seine Kraft.

Sieh nicht auf die Menschen, ob sie dich loben oder tadeln. Sieh auf den Herrn, der über dem allen steht! Jeder Blick, der nicht ein Blick auf den Herrn ist, zieht uns hinab. Aber der Blick auf den Herrn gibt uns Mut und Kraft, macht uns getrost und unverzagt.

Darum heißt es in der Offenbarung: „Sie haben ihn, den Bösewicht, überwunden durch des Lammes Blut."

Das ist der Weg, wie man den Feind überwinden kann, der einzige Weg, aber ein ganz sicherer Weg. Wer im Glauben mit der Kraft des Blutes Christi rechnet, der erlangt den Sieg in der Stunde der Versuchung.

So müssen wir zweierlei klar erkennen: Einmal, wie groß die Macht und List des Feindes ist, daß wir ihm in keiner Weise gewachsen sind, daß wir ganz gewiß Niederlagen erleiden, wenn wir nicht mit dem Blick auf den Herrn unseren Weg gehen. Das zweite aber, was wir erkennen müssen, ist dies: Wir sind in uns nicht nur schwach und unfähig, den Kampf mit dem Feinde aufzunehmen, sondern wir sind zu allem Bösen fähig, wenn der Herr uns nicht hält und bewahrt.

Darum brauchen wir angesichts der Macht des Feindes die bewahrende Gnade.

Viele Kinder Gottes haben das noch nicht begriffen. Ich selber habe das früher auch nicht verstanden. Ich dachte, wenn man bekehrt sei, dann sei alles in Ordnung, dann ergebe sich alles Weitere von selbst. Aber ich bin längst zu der Überzeugung gekommen, daß das ein Irrtum ist. Es ist keineswegs selbstverständlich, daß wir durchkommen und treu bleiben bis an unser Ende. Im Gegenteil, es ist ein besonderes Wunder, wenn wir durch die Gnade Gottes bewahrt worden sind, bis das Ziel erreicht war. Es bleibt dabei:

> „Auf dem so schmalen Pfade
> gelingt uns ja kein Tritt,
> es geh' denn seine Gnade
> bis an das Ende mit."

Aber es bleibt auch bei der anderen Aussage:

> „Auf Gnade darf man trauen,
> man traut ihr ohne Reu',
> und wenn uns je will grauen,
> so bleibt's: Der Herr ist treu!"

Wollen wir bewahrt bleiben vor der Versuchung oder in der Versuchung, so ist dies die Voraussetzung, daß wir davon überzeugt sind: Ich kann nichts, ich bin nichts. Aber: Gott kann und will uns ans Ziel bringen.

Fürchte dich nicht, glaube nur! Der Herr wird dafür sorgen, daß die Anfechtung so ein Ende gewinnt, daß du sie ertragen kannst. Erwarte nichts von dir! Erwarte alles vom Herrn! Dann erfährst du es, daß seine Kraft sich in unserer Schwachheit vollendet, daß sein Blut uns deckt gegen alle Anläufe und Angriffe des Fürsten der Finsternis.

Gott sei Dank, daß wir in dem Kampf, der uns verordnet ist, nicht auf uns angewiesen sind, sondern daß es Wahrheit ist: „Es streit't für uns der rechte Mann, den Gott selbst hat erkoren." Hat er das gute Werk in uns angefangen, wird er's auch vollführen bis auf seinen Tag. „Und wenn die Welt voll Teufel wär und wollt uns gar verschlingen", so fürchten wir uns nicht, wir klammern uns an den Herrn und bitten ihn: *Und führe uns nicht in Versuchung!*

Die letzte Bitte

Die letzte Bitte schließt mit den Worten: „Sondern erlöse uns von dem Bösen." Klingt das nicht merkwürdig, wenn es hier heißt: „Erlöse uns?" Christen — und nur solche können das Gebet recht beten, denn nur sie können in Wahrheit zu Gott „Vater" sagen — sind doch erlöst! Die brauchen doch nicht mehr erlöst zu *werden*!

Ganz recht, Kinder Gottes sind erlöst. Aber es handelt sich hier um etwas anderes. Es handelt sich nicht um die Erlösung von der Last der Sünde — die ist geschehen —, sondern um die Erlösung des Leibes, um die endgültige Befreiung aus aller Macht des Feindes und von allem Bösen.

Nach der Vollendung schaut der Beter aus, wenn er spricht: „Erlöse uns von dem Bösen."

Das griechische Wort, das hier mit „Bösem" wiedergegeben wird, ist doppeldeutig. Man kann es ihm nicht ansehen, ob *der Böse* oder *das Böse* gemeint ist, ob das Übel oder der Urheber allen Übels in der Welt. Darum tut man besser, zu sagen: „Erlöse uns von dem Bösen", weil dieses Wort ebenso doppeldeutig ist, wie das griechische Wort im Grundtext.

Was meint der Herr aber damit, wenn er uns lehrt, zu beten: „Erlöse uns von dem Bösen?" Er will unseren Blick von der Gegenwart weg in die Zukunft lenken. Er will uns daran erinnern, daß eine völlige Erlösung, eine herrliche Vollendung unser wartet.

Wenn wir uns in der Gegenwart umsehen, wieviel Not umgibt uns! Wir denken an all das Leid und Weh, das in Krankenhäusern zusammengebracht ist. Was für Schmerzen werden da erduldet!

Wieviel Jammer und Not gibt es da! Woher kommt all dieses Elend? Im letzten Grunde kommt all das Böse von dem Bösen her. Denn der Tod und alles, was demselben vorangeht an Krankheit und Weh, ist der Sünde Sold. Als die Welt aus Gottes Hand hervorging, war sie sehr gut. Da war keine Krankheit in der Welt. Denn die Krankheit ist nichts Gutes. Und da war kein Tod in der Welt. Der Tod ist sehr grausam. Wie unbarmherzig zerreißt er Liebesbande zwischen den Menschen.

Und nun durchwandere einmal eine Psychiatrische Klinik und sieh, wieviel Elend da beisammen ist! Ich war einmal in einem solchen größeren Krankenhaus, um dort einen Besuch zu machen. Als ich endlich die Kranke gefunden hatte, die meinen Besuch wünschte, da eröffnete sie mir, es sei ihre eigene Schuld, daß sie hier sitze, die Sünde am eigenen Leib habe sie zugrunde gerichtet. „Sagen Sie doch allen", rief sie aus, „daß die Sünde der Leute Verderben ist!"

Und dann komm mit in die Gefängnisse und Zuchthäuser. Wieder ein anderes Bild menschlicher Not, als es sich uns in den verschiedenen Krankenhäusern bietet. Aber die Not ist nicht geringer. Was für Gewissensnöte liegen auf vielen, die hinter den eisernen Gittern sitzen! Und wo man keine Gewissensnöte empfindet, wo man noch gar nicht zum Bewußtsein seiner Schuld und Sünde gekommen ist, da ist die Not um so größer.

Wer hätte noch nie den Wunsch gehabt, daß der Sündenjammer ein Ende haben möchte, daß die Macht des Feindes uns nichts mehr anhaben könnte!

Gott sei Dank, diese Zeit wird kommen, wo die Sünde ein Ende hat! Es gibt eine Erlösung aus all dem schweren, mit dem wir uns selber abschleppen und müde tragen. Wenn wir aus dem Glauben zum Schauen gelangt sein werden, wenn wir ihn sehen, wie er ist, wenn wir ihm gleich sein werden, dann gibt es keine Sündenmöglichkeit mehr. Das liegt dahinten, abgetan, überwunden. Da sind wir geborgen immer und ewiglich. Vorstellen kann ich mir das jetzt noch nicht, wie das sein wird. Jetzt mischt sich auch in unsere heiligsten Stunden das Gefühl von Furcht und Zittern: Ob ich auch durchkomme und das Ziel erreiche? Paulus wie Petrus mahnen uns, unseren Wandel mit Furcht zu führen, daß wir nur nicht sicher werden und meinen, die bewahrende Gnade nicht mehr nötig zu haben.

Wie wird es sein, wenn diese Furcht ein Ende hat, wenn wir am Ziel angelangt sind und Gott preisen, daß er uns errettet und erlöst, uns geheiligt und bewahrt, uns vollendet und herrlich gemacht hat.

Was für ein herrliches Ziel wartet unser!

Darum blicken Kinder Gottes von dem Leidenslager, auf dem sie liegen oder an dem sie sitzen, hinauf in die unbeschreibliche Herrlichkeit, die kein Auge gesehen, die kein Ohr gehört, die in keines Menschen Herz je gekommen ist, die Gott bereitet hat denen, die ihn lieben. Und sie beten, wie Jesus es uns gelehrt hat: „Erlöse uns von dem Bösen!"

Aber die Worte haben wohl auch noch einen anderen Sinn. Wir schauen nicht nur um uns her auf all die persönliche Not, die uns umgibt, wir blicken nicht nur auf unser eigenes Leben und seinen Ausgang und Eingang in die Herrlichkeit, sondern wir blicken auch auf die Geschicke der Völkerwelt.

Die Zeichen der Zeit, die Jesus als seiner Wiederkunft vorhergehend vorausgesagt hat, fangen an sich zu erfüllen. Die Feindschaft gegen Gott und Christus, unsern Heiland, nimmt erschreckend zu. Wohl gab es früher auch Feindschaft; aber sie wagte sich doch nicht hervor. Immer mehr ergreift der Abfall von Gott die Massen.

Wenn so die Not der Gemeinde steigt, dann wird das Gebet immer flehender ertönen: „Erlöse uns von dem Bösen!" Es wird ein Sehnen und Seufzen durch die Gemeinde gehen.

Aber nicht nur zum Gericht kommt der Herr. Zur Erlösung der Seinen kommt er. Die Stunde der Erlösung ist da. Die Toten in Christus stehen auf, mit einem Herrlichkeitsleibe angetan, ähnlich Jesu verklärtem Leibe. Die lebenden Gläubigen werden verwandelt in das Bild Jesu Christi. Und dann werden sie miteinander, die auferweckten Toten und die verwandelten Gläubigen, dem Herrn entgegengerückt werden in der Luft, und werden also beim Herrn sein allezeit.

Das letzte Wort in der Bibel spricht nicht der Teufel; er wird in den Abgrund geworfen. Das letzte Wort spricht Jesus, der wiederkommende Herr, der das Reich des Friedens errichten wird. Nach diesem Tage Jesu Christi dürfen wir ausschauen. Wir heben unsere Häupter auf, weil sich unsre Erlösung naht.

Wir blicken weg von aller persönlichen Not und schauen auf Jesus und beten zu ihm: *Erlöse uns von dem Bösen!*

Schluß

Die zwei Gruppen von Bitten sind vorgetragen. In der ersten Gruppe von Bitten hat der Beter das himmlische Leben zur Erde herabgebetet. In der zweiten Gruppe hat er die irdische Not von der Erde zum Himmel hinaufgetragen.

Nun kommt keine neue Bitte mehr. In den ausgesprochenen Bitten ist alles gesagt, was gesagt werden kann und was gesagt werden muß. Es ist nichts mehr hinzuzufügen. Wunderbar — in den sechs oder sieben Bitten ist alles ausgesprochen, was das Herz eines Kindes Gottes bewegt.

Und doch macht der Beter noch nicht Schluß mit seinem Gebet. Er schließt es mit den Worten: „Denn dein ist das Reich und die Kraft und die Herrlichkeit in Ewigkeit. Amen."

In den ältesten Handschriften, in denen der Text uns überliefert worden ist, fehlen diese Worte. Man kann deshalb vermuten, daß sie der Herr Jesus wohl nicht gesprochen hat. Sie sind vielmehr das Amen der Gemeinde auf das Gebet des Herrn. Schon sehr früh hat man im Gottesdienst das Gebet des Herrn gesprochen, und dann anwortete die Gemeinde mit dieser Doxologie, das heißt mit dieser Verherrlichung Gottes. So ist dann in den späteren Handschriften dieser Schluß hinzugefügt worden, weil er im Gebrauch der Gemeinde mit zu dem Gebet gehörte. Sollte der Herr Jesus diese Worte auch nicht gesprochen haben, so hat der in der Gemeinde wohnende Heilige Geist sie gesprochen, und darum werten wir sie auch als echtes und wahres Gotteswort.

Betrachten wir diesen Schluß, so tritt uns — ehe wir auf die einzelnen Worte eingehen — eine wichtige und köstliche Wahrheit entgegen, die Beherzigung verdient.

Der Beter hat keine Gebetsgegenstände mehr, und doch macht er noch nicht Schluß. Was kommt denn noch? *Anbetung* kommt noch. Der Beter hat nichts mehr zu bitten; aber er kann noch nicht schließen. Er sieht von allem ab, was ihm begehrenswert erscheint, er blickt allein auf den Herrn, versenkt sich in seine Größe und Herrlichkeit.

Anbetung – wie selten ist sie, auch bei Betern! Die meisten Gebete sind Bittgebete. Wenn es wenigstens Bittgebete wären, die sich in Übereinstimmung mit dem Gebet des Herrn befänden, in denen um die Verherrlichung des Namens Gottes, um das Kommen seines Reiches und um all die andern großen Angelegenheiten gebetet würde! Aber wie oft drehen sich auch die Gebete von Kindern Gottes nur um das eigene Ich und seine Wünsche und Pläne, Sorgen und Befürchtungen!

Seltener als die Bittgebete sind die Dankgebete. Nicht umsonst stehen so viele Aufforderungen und Ermahnungen zum Danken in der Bibel. Das kommt daher, daß wir so undankbare und vergeßliche Leute sind, denen es immer wieder gesagt werden muß: Vergiß das Danken nicht!

Am seltensten aber ist die Anbetung, bei der man nichts zu bitten hat, bei der man auch für nichts zu danken hat, bei der man Gott lobt und preist ganz unabhängig von eigenem Erleben. Man versenkt sich in Gottes Größe und Herrlichkeit, in seine Liebe und Barmherzigkeit und betet ihn an in seiner Majestät.

Durch die Vielgeschäftigkeit und Betriebsamkeit auch in christlichen Kreisen ist es schwer, die Zeit für die Stille zu bekommen, die für die Anbetung die Vorbedingung ist. Viele Christen haben den Wert und den Segen der Stille noch gar nicht erkannt. Und doch liegt hier die Quelle unserer Kraft. Wir werden nur dann bei unserem Wirken in der Öffentlichkeit etwas leisten und Frucht bringen, wenn wir aus der Stille vor Gott Kraft gezogen haben.

Die Worte, die Elia vor dem König Ahab gesprochen hat, sind mir in diesem Zusammenhang so sehr wichtig geworden. Er sagt: „So wahr der Herr lebt, *vor dem ich stehe*.“ Ehe er an den Hof des Königs gegangen ist, hat er in der Stille seines Bergdorfes vor Gott gestanden, gewissermaßen Auge in Auge, um mit ihm zu reden und seine Weisungen entgegenzunehmen. Dann hat ihn Gott zu Ahab geschickt, und nun steht Gott hinter ihm, um sein Wort zu beglaubigen. So ist das Wort: „... der Herr, vor dem ich stehe“, in doppelter Weise zu deuten: Erst steht Elia Auge in Auge vor Gott und dann geht Elia vor und Gott steht hinter ihm und bestätigt seine Botschaft.

Warum so verhältnismäßig wenig Frucht und Erfolg bei soviel Arbeit im Reiche Gottes sichtbar wird? Weil es soviel an der Stille fehlt. Wenn die Kinder Gottes sich mehr Zeit für die Stille nehmen würden, hätten sie auch mehr Zeit für die Anbetung. Aber alles bemüht sich, uns die Stille zu rauben. Zu aller Arbeit kommt Radio, Zeitung, Fernsehen und Hobbys. Wir halten manches für eine schöne Sache, aber wie gefährlich ist es dadurch, daß es den letzten Rest von Stille raubt, weil es uns nicht zur Einkehr bei uns selbst und zur Versenkung in Gott kommen läßt.

Gott sucht solche, die ihn im Geist und in der Wahrheit anbeten, hat Jesus zur Samariterin gesagt. Bist du ein Anbeter? Nimmst du dir Zeit für die Stille, für die lobpreisende Versenkung in Gott? Ältere Leute haben nicht mehr soviel Schlaf wie in jüngeren Jahren. Denen möchte ich anraten, doch diese stillen schlaflosen Stunden für die Anbetung auszunutzen. Denkt und wünscht doch nicht immer nur: „Wenn ich doch schlafen könnte!", sondern versenkt euch in Gott! So wie Jesus gesagt hat: „Der Mensch lebt nicht vom Brot allein, sondern von einem jeden Wort, das durch den Mund Gottes geht", – so kann man auch sagen: Der Mensch bekommt nicht neue Kraft durch den Schlaf allein, sondern durch die Versenkung in Gott und sein Wort, durch das Weilen in seiner Gegenwart.

Und noch einen Rat möchte ich bei dieser Gelegenheit für unser Gebetsleben überhaupt geben. Ich habe ihn selbst durch diese Schlußworte bekommen. Wenn du ausgebetet hast, steh' nicht gleich auf von den Knien, sondern verharre eine Weile vor Gott, lauschend und wartend, ob er dir etwas zu sagen hat. Viele lassen Gott gar keine Zeit, ihn sich zu ihrem Gebet zu äußern, ihnen Antwort und Auftrag zu geben. Mich hat dieser Schluß am Gebet des Herrn gelehrt, nicht gleich aufzustehen, sondern noch eine Weile vor Gott still zu bleiben. Ich bin sicher, daß auch dir diese Gewöhnung Segen bringen wird. So lernt man das Anbeten Gottes. – Aber nun zu den Worten des Schlusses im einzelnen!

„*Denn dein ist das Reich.*" Wenn man sich in der Welt umsieht, hat man nicht den Eindruck, als ob das Reich unserem Gott gehörte. Und doch, wenn man Augen hat, die der Heilige Geist geöffnet hat, dann sieht man auch in der uns umgebenden Welt das Reich Gottes. Wo ein Mensch um Vergebung der Sünden fleht, da ist das Reich Gottes. Und wo auch nur zwei oder drei zusammen sind, um Gottes Wort miteinander zu betrachten und die Knie vor Gott zu beugen, da ist das Reich Gottes. Und wenn in einer schönen Kirche oder in einem schlichten Versammlungsraum das Wort vom Kreuz verkündigt wird, da ist das Reich Gottes. Überall, wo man Jesus anerkennt als Herrn, da ist Gottes Reich vorhanden.

Jetzt tritt es noch nicht vor aller Augen in Erscheinung, aber auch die Zeit wird kommen, da das Reich Gottes sichtbar werden wird, wenn Jesus in Herrlichkeit wiederkommen wird.

Und *„Dein ist die Kraft"*. Große Bitten haben wir vor den Herrn gebracht. Wir haben um die Verherrlichung des Namens Gottes und um das Kommen seines Reiches gebetet. Dabei haben wir auch an Menschen gedacht, die uns nahestehen.

Hat er einen Zachäus überwinden können, der so an das Geld gebunden war, hat er den fanatischen Pharisäer Saulus überwinden können, dann kann er auch mit denen fertig werden, die jetzt noch so gleichgültig oder feindlich ihm gegenüberstehen. Denn sein ist die Kraft. Und wenn wir unzufrieden sind mit uns selber, wenn wir so wenig Wachstum und Fortschritt in der Heiligung sehen, dann blicken wir weg von uns und schauen auf den Herrn, der das gute Werk in uns angefangen hat und der es auch vollenden wird, denn sein ist die Kraft.

All unsere Sorgen schwinden, all unsere Nöte hören auf, wenn wir auf Gottes Größe und Herrlichkeit blicken und anbetend sagen: Denn dein ist die Kraft!

Und *„Dein ist die Herrlichkeit"*. Wie vielfältig hat sich die Herrlichkeit Gottes im Leben Jesu offenbart! Als er auf der Hochzeit zu Kana Wasser in Wein verwandelt hatte, da lesen wir: „Das war das erste Zeichen, das Jesus tat, und offenbarte seine Herrlichkeit." Und wie oft hat Jesus weiterhin Gottes Herrlichkeit offenbart! Wenn er die Aussätzigen gesund machte, den Blinden das Gesicht und den Tauben das Gehör gab, wenn er gar Tote auferweckte, so offenbarte er Gottes Herrlichkeit.

Und dieser wunderbare Herr sitzt nun zur Rechten Gottes

und spricht: „Mir ist gegeben alle Gewalt im Himmel und auf Erden." Ich übersetze mir dies Wort persönlicher, tröstlicher. Über all den kleinen und großen Nöten, die mich bewegen, steht Gottes Herrlichkeit. Und er wird alles herrlich hinausführen, so daß ich staunen und anbeten werde.

Und wenn schon jetzt die Herrlichkeit Gottes in unserem Leben sich offenbart, wie wird es erst sein, wenn wir selber in die Herrlichkeit Gottes eingegangen sein werden. Ihn sehen, wie er ist, ihm gleich sein, was für eine Herrlichkeit!

Und darauf warten wir im Glauben. Danach sehnen wir uns in der Gewißheit, daß diese Herrlichkeit einmal unser sein wird. Darum schauen wir anbetend auf und sprechen: Dein ist die Herrlichkeit!

„In Ewigkeit". Hier auf Erden ist alles so vergänglich und flüchtig. Wenn wir — etwa in einer Festzeit — einmal mit unseren Lieben zusammen sind, dann steht immer das Abschiednehmen wieder bevor. Dann heißt es immer: „ Wie lange hast du Urlaub? Wann mußt du wieder fort?" Aber wenn wir in die Herrlichkeit Gottes eingegangen sind, dann hat dieselbe kein Ende. Die währet ewiglich. Ausdenken kann ich das nicht. Aber mit dem Dichter sprechen kann ich: „Herr, mein Gott, ich kann's nicht fassen, was das wird für Wonne sein!"

Ewig, was heißt das? Ich las in meiner Kindheit, im Weltmeer liege irgendwo eine Insel mit einem gewaltigen Berg darauf. Alle hundert Jahre komme ein Vöglein und wetze seinen Schnabel an diesem Berg. Wenn dadurch der ganze Berg weggewetzt sei, dann sei die erste Sekunde der Ewigkeit vorbei.

Auch das stimmt noch nicht, denn die Ewigkeit hat keine Sekunden. Unaufhörlich bei Jesus sein! Sollte uns dieses Ziel nicht anspornen, uns aufs neue unserm Gott hinzugeben, um ihm allein zu leben und ihn allein zu lieben?

„Amen". Das heißt: Das erwarte ich im Glauben von Gott. Das wird geschehen, weil er es verheißen und versprochen hat.

Kannst du auch dein Amen unter das Gebet des Herrn setzen? Ist es auch *dein* Gebet? Gott helfe uns, daß wir es gelernt haben, das Gebet des Herrn recht zu beten, daß all unser Beten mit den Worten dieses Gebets übereinstimmt:

Unser Vater im Himmel, dein Name werde geheiligt, dein Reich komme, dein Wille geschehe auf Erden wie im Himmel. Gib uns unser täglich Brot immerdar. Vergib uns unsre Schuld, wie wir vergeben unsern Schuldigern. Und führe uns nicht in Versuchung, sondern erlöse uns von dem Bösen. Denn dein ist das Reich und die Kraft und die Herrlichkeit in Ewigkeit. Amen.